HANNA SECRET

MIT NICOLA FISCHER

Ich bin Hanna

HANNA SECRET
MIT NICOLA FISCHER

Ich bin Hanna

Exklusive Einblicke
in mein Leben
als Webcam-Girl
und Pornostar

riva

Bibliografische Information der Deutschen Nationalbibliothek
Die Deutsche Nationalbibliothek verzeichnet diese Publikation in der Deutschen Nationalbibliografie. Detaillierte bibliografische Daten sind im Internet über http://dnb.d-nb.de abrufbar.

Für Fragen und Anregungen
info@rivaverlag.de

Wichtiger Hinweis
Ausschließlich zum Zweck der besseren Lesbarkeit wurde auf eine genderspezifische Schreibweise sowie eine Mehrfachbezeichnung verzichtet. Alle personenbezogenen Bezeichnungen sind somit geschlechtsneutral zu verstehen.

Originalausgabe
1. Auflage 2022

Türkenstraße 89
80799 München
Tel.: 089 651285-0
Fax: 089 652096

Redaktion: Diana Napolitano
Umschlaggestaltung: Marc-Torben Fischer
Umschlagabbildungen: © Michael Philipp Bader/© Axel Fischer (Autorenfoto N. Fischer)
Abbildungen im Bildteil: © privat/Hanna Secret – bis auf Seite 8 unten li. und re.: © George Rohde (www.karlssonmedia.com)
Satz: abavo GmbH, Buchloe
Druck: GGP Media GmbH, Pößneck
Printed in Germany

ISBN Print 978-3-7423-1948-7
ISBN E-Book (PDF) 978-3-7453-1681-0
ISBN E-Book (EPUB, Mobi) 978-3-7453-1682-7

Wir produzieren nachhaltig
www.m-vg.de

Weitere Informationen zum Verlag finden Sie unter
www.rivaverlag.de
Beachten Sie auch unsere weiteren Verlage unter www.m-vg.de

Inhalt

Prolog

Es gibt Lebenswege, die sind linear, straight, von wenigen Schicksalen geschüttelt und immer von fürsorglichen Eltern flankiert, beschützt und geleitet. Und es gibt Lebenswege, die sich wie Flussadern verlieren: die Richtung, Geschwindigkeit, die Klar- und Trübheit ändern. Mein Weg ist so einer.

Ich wuchs zwischen Scheunenpartys, Ponyhof und plattem Land auf und wohin man sah – absolute Bodenständigkeit. Jeder kennt jeden. Schule, Ausbildung, Heirat, Reihenhaus, Kinder – bums und Ende. Sex? Den hat man, Licht aus, Decke drüber und den Mantel des Schweigens am besten gleich mit. Also »open minded«, das war rückblickend, was meine frühpubertierende Entwicklung so anging, sagen wir mal, eher nicht vorhanden.

Dass ich allerdings mal einen Job machen möchte, in dem ich helfe, stand für mich fest. Und diesen Job fand ich auch. Nur dann kam die Sache mit den Flussadern und mein Lebenskompass änderte sich gewaltig: Denn ich bin Sexworkerin, Pornostar und verdammt stolz darauf. Nicht einen einzigen Tag in meinem Leben habe ich dafür an einem Pornoset gedreht und nicht einen einzigen Cent hat ein Mann bei mir mitverdient. Ich bin selbstbestimmt, autark und Boss – Girl-Boss! In meinen Pornos führe ich Regie, bestimme den Ort, die Handlung, den Drehpartner, den Schnitt, das Cover. Einfach alles.

Niemand muss gut finden, was ich mache, und beklatschen, dass ich Sex vor der Kamera habe. Doch sind wir mal ehrlich: Deutsche Männer sind Weltmeister im Pornosgucken. Nur kaum einer gibt es zu. Tja, das ist so! In Zahlen bedeutet das, dass allein nur in Deutschland 12,5 Millionen Euro täglich für Online-Pornos ausgegeben werden. Die Schmach ist groß, wenn der Browser doch noch die letzte Pornoseiten-Chronik ausspuckt; entdeckt von jemandem, der das nicht wissen sollte. Die unerfüllten sexuellen Sehnsüchte sind aber noch viel größer. Denn ich kann euch sagen, Porno ist kein gesichtsloses Schmuddelfilmchen mehr, Porno ist die Sehnsucht nach Nähe und Vertrauen.

Dass ich mit meinem Aussehen, mit meinem Sexappeal einmal Geld verdienen würde und damit sogar erfolgreich sein sollte: Das hätten weder ich noch wahrscheinlich irgendeiner meiner Ex-Freunde für möglich gehalten. Heute habe ich eine 80-Stunden-Woche, zahlreiche Geschäftsmeetings, Kooperationsgespräche, drehe und schneide meine Pornofilme, bin in der Webcam, auf roten Teppichen oder werde von Journalisten und Journalistinnen für Interview-Sessions angefragt. Mit diesem Business verdiene ich so viel wie ein Typ im mittleren Management oder wie ein Pilot. Trotzdem ist Porno für die meisten gleichbedeutend mit Schmuddel-Ecke, Zwängen und ewigem Stigma.

In der Cam gelten nur meine Regeln! Habe ich keine Lust auf einen Mann, ist er ungehobelt und zu vulgär, fliegt er aus dem Chat und ich verpasse ihm einen Ban. Auch wenn immer ein Bildschirm und womöglich Hunderte Kilometer zwischen uns liegen, bestimme ich das Niveau! Die Lust ist rein virtuell, alle Körperflüssigkeiten, alle Gerüche, jedes Stöhnen, jede Pore bleibt weit weg von mir. Und das ist gut so, nur so kann ich Hanna sein. Nur so kann ich mich auf jeden noch so absurden und tiefperversen Fetisch einlassen. Und davon gibt es unfassbar viele. Im Grunde gibt es keinen Fetisch, den es nicht gibt. Glaubt mir! Und nein, das sind keine »lost people«, die wohl keinen haben, mit dem sie schlafen können. Denn gar nicht wenige, die zu mir kommen, sind in einer festen Partnerschaft, leben gut situiert oder haben gar hoch dotierte Jobs. Aber eines fehlt ihnen: Sie haben scheinbar keinen zum Reden. Die meisten Prostituierten werden es bestätigen, was auch ich als virtuelle Sexworkerin feststelle: Rund 70 Prozent in meiner Webcam-Session bestehen aus Reden und Zuhören, lediglich 30 Prozent sind virtueller Sex.

Ich bin nicht unnahbar und ich zeige fast alles – und damit meine ich nicht nur meine Pornofilme. Ich meine mein Social-Media-Leben. Man steht mit mir gemeinsam auf, frühstückt mit mir, kann mir beim Sport zusehen und mitfiebern, wenn bei mir etwas Aufregendes passiert. Man kann mir Fragesticker über Instagram schicken und sich dann zweimal in der Woche einen meiner selbst produzierten Pornos kostenpflichtig downloaden.

Für einige meiner Fans bin ich das einzige weibliche Wesen in ihrem Leben. Sie sehen mich in Ekstase, pervers, ungehemmt, spermaschluckend im Deep Throat oder erleben mich im Chat als zugewandte Freundin und beste Zuhörerin. Und das fehlt so vielen Menschen. Jemanden, der mal zuhört.

Das ist mein Rezept, das ist Hanna.

Ich möchte euch in diesem Buch einen Blick hinter die Kulissen des Pornoalltages geben und euch an den Insights, den schmutzigen, absurden und erregenden Momenten meines nicht linearen Lebens teilhaben lassen. Eine Beziehung ist zwar kein Pornofilm, aber ich kann euch mit ein paar geilen Tipps und kleinen Sex-Hacks zu echten Hotties in der Kiste, oder wo auch immer ihr es treiben wollt, machen. Eine erfüllte Sexualität stellt für sehr viele Menschen ein Grundbedürfnis dar.

Ich bin Hanna und das ist meine Geschichte.

Folgt mir in meine heimliche und surreale Welt, in der es keine Tabus gibt. Fasst euch an, fasst einander an und schenkt euch hin und wieder mal gegenseitig ein Ohr.

Let's talk about porn!

Hot or not!

MORGENS KRANKENSCHWESTER, ABENDS PORNOSTAR

»Sternchen, du machst mich so heiß.«

Das Sternchen, damit war ich gemeint, das war Jens' Spitzname für mich. Jens wollte immer viel reden, sich dabei befriedigen, reden und sich dann wieder befriedigen. Das konnte stundenlang so gehen. Ich saß ihm gegenüber und trug dabei ein einfaches Top und ein Höschen. Meine Auswahl an Unterwäsche war damals noch nicht so üppig, aber den Männern schienen auch einfache Slips und BH-Sets von New Yorker zu gefallen. Mehr hatte ich nämlich nicht zu bieten.

Irgendwie war ich auch so ganz anders als all die anderen Frauen auf dem Cam-Portal. Viele wirkten auf mich so wie Frauen aus der großen, weiten Welt. Ich kam mir so unendlich klein und unscheinbar neben all den schillernden Amateur-Pornostars vor. Egal, auf welches Profil ich sah, guckten mich Silikon-Brüste, gemachte Lippen, getunte Augenbrauen und ultralange Wimpern an.

Ich war nicht so. Mein Tattoo war für mich schon etwas Besonderes. Es schien mir so, als sei ich das Mädchen von nebenan - unschuldig. Aber genau das kam an: wenn so ein Mädchen von nebenan so verdorben war. Vielleicht taufte mich Jens auch deswegen sein »Sternchen«. Jens war ein User der ersten Stunde und wieder extrem anhänglich. Eigentlich war er das immer, aber gerade dann, wenn ich Frühschicht hatte, war es besonders zehrend - die langen Cam-Sessions, die kein Ende finden wollten. Ich musste ihn regelrecht abwimmeln, weil ich schon gern drei Stunden Schlaf hatte, bevor ich auf Station sein musste.

Ich arbeitete im Krankenhaus in der angegliederten Kinder- und Jugendpsychiatrie. Seit einem Jahr war ich dort und hatte mit meinen knapp 19 Jahren ein wenig Berufserfahrung hinter mir. Das Gebäude erinnerte in seiner Aufteilung an eine alte Schule. Lange Flure mit Linoleumböden. Glastüren, die wahlweise aus Sicherheitsglas waren. Am Eingang gab es eine Klingel und eine Kamera. Nicht jeder Patient kam hier ganz freiwillig hin. Einige Teenager oder fast Heranwachsende wurden auch von der Polizei gebracht und waren dann sogenannte Zwangseinweisungen. Es gab Fälle, da konnte alles passieren. Und das war für uns als Pflegepersonal auch gefährlich. Schläge, Tritte, Kratzer und Bisse, damit musste ich in gewissen Situationen rechnen. Oben auf der Station, auf der ich arbeitete, war in Zimmer 1 ein Fixierbett. Ein Bett mit Gurten, mit denen man Menschen für einen kurzen Zeitraum unter Kontrolle bringt.

Bei besonders aggressiven Patienten, Verwirrten, aber auch bei Mädchen, die nicht mehr essen wollten. Da war es Vorgabe, dass immer ein solches Fixierbett bereitsteht. So eine Fixierung ist aber immer einer richterlichen und ärztlichen Anordnung unterlegen. Wir pflegten und kümmerten uns um die Personen, von denen man oft in der Zeitung oder in den Nachrichten liest. »Geistig Verwirrte, Person mit suizidalen Gedanken oder nicht zurechnungsfähig«.

Ich war mittendrin in dieser so anderen Welt. Jeder junge Mensch, der hierherkam, dem ging es psychisch wirklich schlecht. Wir waren für viele ein Anker, der im echten Leben zu fehlen schien. Ein bisschen so wie in meinem damals geheimen Nebenjob und in meinem heutigen Business. Ich habe das geführt, was man Doppelleben nennt: morgens Krankenschwester und abends Pornostar. Der Haken, den ein Doppelleben so mit sich bringt: Keiner weiß davon. Deswegen hatte ich ständig Schiss, jemand könnte dahinterkommen. Kollegen, Ärzte und Ärztinnen oder die Väter der Teenager, die bei uns regelmäßig ein und aus gingen. Ich dachte damals auch, dass es etwas Schlimmes ist, was ich da tue. Und dass ich meinen Job verlieren würde, wenn die Klinikleitung dahinterkäme.

Meine damalige Stationsleitung hieß Gisela. Sie war um die 50 Jahre alt und vom Stil so rockermäßig, hatte schwarze kurze Haare und immer ganz lässig eine Sonnenbrille im Haar. Sie traute mir viel zu und ich wollte sie nicht enttäuschen. Aber umso mehr Zeit ich mit ihr verbrachte, merkte ich, dass sie reichlich privaten Kummer hatte. Was mich zu der Erkenntnis brachte, mich einfach ganz normal zu benehmen. So würde sicherlich keiner etwas merken. Niemals hätte ich gedacht, dass ich eines Tages von meinem heimlichen Nebenjob leben kann. Ich dachte: Vielleicht verdiene ich mir etwas dazu, führe ein unbeschwerteres Leben oder kaufe vielleicht mal ein besseres Auto.

Viel Schlaf bekam ich in der Anfangszeit meines Doppellebens nicht. Es waren noch gut zwei Stunden, bis der Wecker klingelte, und Jens würde mich auch auf Station weiterhin mit Direktnachrichten über das Portal anticken. Der Vorteil war, dass ich an jeder Nachricht, die er schrieb, knapp einen Euro verdiente. Die anderen 1,20 Euro gingen an das Portal, auf dem ich angemeldet war. Der Nachteil an den Textergüssen von Jens: Es fiel mir immer schwerer, diese zwei beruflichen Welten zu trennen. Es war inzwischen vier Uhr am Morgen, Jens redete viel über seine Arbeit bei einem Flugzeughersteller, über seine Frau und über alles, was ihn so beschäftigte. Dabei masturbierte er. Manchmal switchte er zwischen Erzählungen und seiner hemmungslosen Geilheit. Er sagte, er sei verliebt in mich und nicht mehr in seine Frau. Jens müsste in den Vierzigern gewesen sein, ein bisschen zu dick, ein bisschen zu schmalzig lagen die Haare und ein bisschen zu ungesund wirkte der Gesamteindruck. Aber er strahlte wie ein verliebter Teenager über beide Ohren, wenn er mich auf dem Bildschirm sah. Nach ungefähr einer Stunde wimmerte er in sein Head-Set-Mikrofon:

»Sternchen, zeigst du mir dein Löchlein?« Daran musste ich mich schnell gewöhnen, denn der Großteil der Männer redete von Löchern, wenn sie das weibliche Geschlechtsorgan und den Anus meinten. Eigentlich ist das nicht mein Style, denn ich hatte immer verniedlichende Kosenamen für meine Pussy. Aber der Großteil der Männer steht eben auf die derbe Ausdrucksweise. Pussy hörte oder las ich beispielsweise kaum bis gar nicht.

Irgendwann hat Jens' Frau Wind von seinen Cam-Sessions mit mir bekommen und ihn vor die Wahl gestellt. Die Cam oder ich! Da er sich so leicht nicht entscheiden konnte, lebte er zunächst in einem Schwebezustand. Bei dem er für sich die perfekte Lösung parat hatte. Er durfte zu Hause nicht mehr mit mir camen, weshalb er sich so ein Modem besorgt hatte, das er vom Auto aus benutzte. Und so saßen wir also da: er in seinem Firmenwagen auf dem stoffbezogenen Beifahrersitz, seine Hand immer wieder an seinem Schwanz, und ich bei mir in meiner Wohnung in der schleswig-holsteinischen Provinz auf die tickende Uhr schielend.

Für mich war das neu, dass sich so viele Männer an mir erregten und nur darauf warteten, dass ich endlich online ging. Ich lernte mit jeder Session dazu. Lernte, wie ich die Männer heißmachen konnte. Und jeder Einzelne hatte da ganz besondere Vorstellungen. Für die einen war es, dass ich meine Brüste knetete und meine Brustwarzen steif werden ließ, bei dem anderen war es der kurze Rock ohne Slip darunter. Es dauerte nicht lange, dann hatte ich bei fast jedem die Vorlieben parat. Damit das perfekt saß und sich wirklich auch jeder Mann individuell und wichtig fühlte, habe ich mir zu allen Usern Notizen gemacht.

In den Cam-Sessions konnte ich darauf immer zurückgreifen, ohne das mein Gegenüber das merkte. Ich notierte mir, was die Männer arbeiteten, was sie gerade für Sorgen hatten und natürlich worauf sie standen. Alle Informationen waren gleichermaßen wichtig: was sie bewegte, was sie erregte. Das ist ja genau das, was vielen Männern im Alltag fehlt. Eine aufmerksame Partnerin. Meine Notizenliste von Jens wurde derweil immer länger, und das war gut so. Denn ich hatte schon zu Beginn das Gefühl, dass das mit ihm entarten könnte. Dass ich für ihn vielleicht zu einer Art Suchtfaktor werden würde. Ich verabschiedete mich im Morgengrauen von Jens, weil ich jetzt wirklich zum Frühdienst musste. Wie er mit dem wenigen Schlaf durch den Tag kam, das kann man nur erahnen.

Würde man mein damaliges Leben aufzeichnen, würde ein Geodreieck genügen. Denn irgendwie bewegte ich mich ausschließlich in einem Dreieck. Zu Hause, Krankenhaus, Sport – und wieder von vorn. Zu Hause schlief und arbeitete ich vor der Cam, im Fitnessstudio trainierte ich an mindestens fünf Tagen in der Woche. Damit ich genau den Körper habe, mit dem ich noch mehr Männer in meinen Bann ziehen konnte. Ich war ein schlanker Typ und es war mir auch sehr wichtig, schlank zu sein. Da achtete ich extrem drauf, ich brauchte diese Kontrolle über mich. Weil vieles in meinem bisherigen jungen Leben außer Kontrolle geraten war. Manchmal schien es mir so, als würde ein rasender Zug voller Unheil an mir vorbeirauschen.

Reisende kann man nicht aufhalten und kranke Menschen nicht immer heilen. Der Vater, der unsere kleine Familie verließ, unsere Mutter, die alleinerziehend für uns fünf Kinder schuftete und von denen eines starb – mein Bruder. Ich glaube, es gibt für eine Mutter nichts Schlimmeres, als wenn das eigene Kind vor einem geht. Das alles war der absolute Kontrollverlust für eine Heranwachsende wie mich. Ich fand diesen Halt in meiner Arbeit als Krankenschwester wieder. Sich kümmern, sich um andere sorgen und für andere da sein – auf einmal machte alles wieder einen Sinn.

Und so bewegte ich mich in meinem Lebens-Dreieck mit dem Fahrrad, das war praktisch. Nach einer Schicht war ich innerhalb von drei Minuten zu Hause. Dort begann dann wieder mein anderes, mein heimliches Leben. Auf das ich mich, wenn sich meine Krankenhausschicht dem Ende neigte, ein bisschen freute. Niemand hätte von mir gedacht, dass ich so eine Seite an mir habe. Irgendwie war das auch mein kleiner persönlicher Thrill. Weil ich eigentlich sehr angepasst war, fast schüchtern. Da ich oft für andere Kolleginnen eingesprungen bin und die ungeliebten Spät- und Nachtdienste übernahm, war ich schnell eine anerkannte Kollegin. Ich war die Jüngste und schob somit eine Nachtschicht nach der anderen. Kolleginnen mit Kindern bekamen da immer Vorrechte. Das wurde so gehandhabt und das empfand ich auch als richtig so. Ich hatte ja niemanden, um den ich mich kümmern musste, den ich abholen oder bekochen musste, wie die Mamis bei uns auf der Station.

Dafür hatte ich Dutzende sexhungrige Männer in der Cam – aber die konnten warten. Die wussten ja, wann ich sie wieder am Bildschirm empfange. Ich fing an, mit einem Stundenplan zu arbeiten, meine Cam-Zeiten waren jetzt für jeden online einsehbar. Mit diesem Dienstplan war ich gebunden und ich bekam auch einen besseren Überblick über meinen Nebenverdienst. Und der wuchs – und zwar exponentiell.

Ich nahm meinen Job auf der Station sehr ernst. Immerhin war ich eine wichtige Schnittstelle zwischen den Jugendlichen, den Therapeuten und den Erzieherinnen. Für viele Teenager war ich deshalb eine wichtige Bezugsperson. Sie versuchten herauszubekommen, wie unsere Dienstpläne waren, und sie wussten leider auch genau, wie sie besonders viel unserer Zeit, sagen wir mal, »bekommen« konnten.

Samantha war mit ihren 17 Jahren bereits eine Dauerpatientin. Wir kannten sie alle und sie wurde bei uns immer wieder beherbergt. Ihre Akte war ein Trauerspiel. Als Kind wurde sie missbraucht, die Mutter war schwer drogenabhängig und Samantha begann, sich dauerhaft selbst zu verletzen. Sie ritzte sich in ihre Arme und drohte immer wieder, sich umzubringen. Weil es keinen Erziehungsberechtigten mehr gab, der sich hätte kümmern können, lebte sie in einer betreuten Wohngruppe. Allerdings brach sie dort immer wieder aus und wurde uns von der Polizei gebracht. Irgendwann gab es einen Beschluss, sodass wir sie dauerhaft aufgenommen haben. Samantha hat oft auf mich gewartet, wenn mein Dienst anfing. Sie sprang mir dann in die Arme und freute sich. Allerdings sind solche Jugendlichen oft manipulativ und können auch übergriffig werden und man muss sie begrenzen. Nur mit einem gesunden Abstand kann man sich als Arzt oder Pflegekraft um Patienten kümmern. Die Tatsache, dass sie mir vertraute, hatte allerdings den Vorteil, dass Samantha mir immerhin Kugelschreiberminen, Besteck aus dem Tagesraum und Gummihandschuhe aushändigte. Alles Gegenstände, mit denen unsere jungen Patienten sich Selbstverletzungen hätten zufügen können. Mit dem Gummihandschuh hätte man sich beispielsweise strangulieren können.

Eines Abends, zu Beginn meiner Schicht, saß ich in meinem Glaskasten und Samantha klopfte. Ich machte mir gerade Notizen für die Übergabe und öffnete vorsichtig die Tür des Dienstzimmers. Sie sagte: »Ich bin fertig«, und grinste mit weit aufgerissenen Augen. Ich sah, dass an ihren Armen durch die Verbände das Blut sickerte. Sie hatte es in den Vortagen scheinbar geschafft, sich zu ritzen, und verletzte sich dabei so stark, dass die Schnitte genäht werden mussten. Sammy war ganz blass und die Unterarme waren so doll verletzt, dass die Schnitte richtige Wulste waren. Diese Wundversorgung war dann natürlich Aufgabe des Pflegepersonals, also mein Job. Sofern ich dann Dienst hatte. Samantha wusste das, sie wusste, dass sie dadurch mehr Zeit mit mir verbringen konnte. Sie tat mir schrecklich leid. Trotzdem hatten wir alle die Hoffnung, dass das mit Sammy eines Tages ein gutes Ende nehmen sollte. Schließlich waren wir ihre Heimat, ihre Ersatzfamilie. Die Arbeit auf der Station ließ mich schnell erwachsen werden, machte mich feinsinniger, aber härtete mich gleichzeitig auch ab. Gegen das, was ich dann nachts in meiner Webcam all die Jahre erleben sollte.

DIE USER

Der Vorstandsvorsitzende eines Großkonzerns, der Fußballspieler aus der Bundesliga, der unsichere Mittzwanziger oder der angepasste Familienvater im Homeoffice. Alle haben etwas gemeinsam: Solche Typen kommen zu mir in die Cam und leben aus, was wahrscheinlich kein anderer Mensch über sie weiß. Kein gesellschaftlicher Rang, kein Familienstand, kein Bildungsgrad, kein Beruf oder die Darstellung nach außen lassen Rückschlüsse zu, ob man jetzt besonders perverse oder nicht perverse Sexwünsche hat.

Jetzt könnte man fragen: Wer gibt denn Geld für keinen echten Sex aus? Aber so einfach ist es nicht, denn den Usern genügt die Fantasie und dass sie mich in dem Moment ganz für sich haben. Ich habe einen großen Fundus an Kostümen, an Schuhen und vielen Sextoys, die täglich zum Einsatz kommen. Für einige Typen ist der Blaumann extrem anturnend. Andere lieben es, wenn ich dreißigmal hintereinander das Wort »Scheide« sage. Die Fantasien sind so weit auseinander, wie Menschen in ihren Neigungen und Ansichten eben auseinanderliegen können. Unendlich.

Knapp die Hälfte der User möchte nur mit mir sprechen. Über den Alltag, die Beziehungs- oder Erektionsprobleme. Oder sie fantasieren Stunde um Stunde, Euro um Euro und nutzen den Kanal als Ventil ihrer heimlichen, ihrer verbotenen Lust. Lust, die im eigenen Schlafzimmer keinen Einzug erhalten hat. Ich habe gerade am Anfang meiner Karriere auffallend viele Ärzte in der Webcam gehabt, die regelrechte Anal-Fetischisten waren. Da konnte ich mir dann die Arztgattin dazu ganz gut vorstellen. Womöglich haben sie sich einfach nie getraut, sie mal nach versautem Analverkehr zu fragen. Viele gehen mit mir stundenlang Rollenspiele durch, in denen ich die beste Freundin der eigenen Ehefrau bin, oder ich muss gebetsmühlenartig erzählen, was für ein Versager mein Gegenüber ist. Es gibt auch die sogenannten Schnellspritzer, da reicht es beinahe, wenn ich nur andeute, dass ich mich anfasse. Es gibt einfach alles, was man sich vorstellen oder auch lieber nicht vorstellen mag.

Viele haben feste Rituale. Manche User kommen seit Jahren und trauen sich auch immer ein Stückchen mehr. Über einige weiß ich Privates, oder etwa, was sie beruflich machen. Sie sind es auch, die mich immerzu beschenken und mir Dinge von meiner Amazon-Online-Wunschliste kaufen und schicken. Da ist von Sneakers über teure Handtaschen oder einem Hundebettchen fürs Auto alles dabei. Wenn diese Dinge dann zum Einsatz kommen, poste ich die tollen Geschenke in meiner Instagram-Story und die User freuen sich! So mache ich mich zum Pornostar, der fast zum Anfassen nahe ist. Aber auch nur fast. Klar verkaufe ich auch getragene Höschen, wenn es sein muss. Einige User fragen auch nach Slips mit »Bremsspur« darin. Da lehne ich dann trotz verlockendem Verkaufspreis ab. Getragene Socken sind natürlich auch hoch im Kurs, aber das ist für mich inzwischen zu viel Aufwand. Die Zeit habe ich einfach nicht mehr. Das klingt vielleicht abgehoben, ist so aber gar nicht gemeint. Ich muss Filme drehen, schneiden und sie vermarkten. Das ist ein knallhartes Business, und wer nicht schnell oder kreativ genug ist, der ist schnell wieder weg vom Fenster. Es ist ein Geschäft mit der Lust anderer, aber auch mit der eigenen Selbstdisziplin und Belastbarkeit.

Ich fülle meinen Körper, meine Hülle, mit Leben und dabei spiele ich trotzdem niemandem etwas vor: Denn jeder weiß, dass man mich nicht treffen kann. Es wird immer ein Bildschirm zwischen uns sein.

USER TOBIAS: KLINGELING, HIER KOMMT DER EIERMANN (LASS BITTE DIE EIER DRAN!)

Ihr ahnt es. Ja, ich möchte euch zumindest ein wenig eingrooven auf das, was jetzt kommt. Es gibt User, die vergisst man einfach niemals. Nicht, weil sie besonders pervers sind oder sexuelle Vorlieben haben, die sich ganz locker ins Kuriositätenkabinett einreihen können. Nein, wisst ihr, ich bin mal Krankenschwester geworden, um zu heilen. Um Menschen bei ihrer Genesung zu helfen. Und dann lernte ich durch meinen neuen Job Menschen kennen, bei denen ich eher dabei zusehen musste, wie sie sich zerstören. Da es keinen Fetisch gibt, den es nicht gibt, musste ich damit einen Umgang finden: Denn es gibt einige Leute, die Lust scheinbar nur über Schmerzen empfinden können. Und so war es auch bei Tobias.

Als Tobias das erste Mal zu mir in die Cam kam, zeigte er sich zunächst nur vorsichtig. Ich muss dazu sagen, dass sich die Mehrheit meiner User nicht offen zeigt. Mit Ausnahme von Penis und Händen, versteht sich. Die Angst, erkannt zu werden, ist bei vielen einfach zu groß. Aber Tobias fuhr die Salami-Scheiben-Taktik und zeigte jedes Mal ein wenig mehr von sich. Irgendwann sah ich ihn dann in Gänze. Nackt sitzend auf seinem schwarzen höhenverstellbaren Bürostuhl. Der Hintergrund ist bei dem Bildausschnitt manchmal nur schemenhaft erkennbar. In diesem Fall sah es für mich wie ein aufgeräumtes Arbeitszimmer aus. Das entspricht eigentlich so dem Standard-Bild, was sich mir oft bot.

Tobias war ein attraktiver Mittvierziger. Glatt rasiertes Gesicht, strahlend helle Augen, volles dunkelblondes Haar und auffallend gepflegte Hände. Tobi wirkte wie ein Geschäftsmann, hatte gute Manieren und war irgendwie sehr sortiert im Kopf. Er fragte mich nach extrem hohen

High Heels, umso spitzer und höher der Absatz, desto besser.

Okay, wieder ein Fußfetischist, dachte ich. Aber ich sollte mich irren. Ob ich ihn dominieren könne, wollte er wissen. In der Regel wünschten sich dann Männer von mir, dass ich sie aufs Übelste beleidige oder sie auf dem Boden kriechen lasse. Aber darum ging es Tobi nicht.

»Hanna, hast du ein Nudelholz oder einen Fleischhammer zu Hause?«, fragte Tobias bestimmt. Ihr habt keine Vorstellung, was ich in den letzten Jahren über die Zweckentfremdung von banalen Haushaltswaren habe erfahren müssen. Von der Reißzwecke bis hin zur Wäscheleine. Eines muss man den Männern lassen. Sie kommen auf die wildesten Ideen. Tobias wollte also den Fleischhammer, den hatte ich aber nicht, aber leider hatte er sich einen besorgt. Und jetzt wusste ich, was er von mir wollte. »Ballbusting« nennt man diesen Fetisch. Tobi fand Gefallen darin, wenn er Gewalt gegen seine Eier, also seine empfindlichen (!) Hoden erfährt. Er wollte, dass ich ihm dabei zusehe, wie er seine Eier malträtiert. Autsch!

»Darf ich dein Eiersklave sein, meine schöne Hanna?«, brach es aus ihm heraus. Tobias erzählte mir, dass er einfach keinen hochbekommt, und sich dann mit Tritten und Schlägen in seine Eier selbst bestraft. Das würde er relativ regelmäßig machen und dadurch Erregung empfinden.

Einmal befüllte er einen Strumpf mit ganz viel Münzgeld und fing an, sich in der Cam-Session immer wieder auf den Sack zu schlagen. Meine Rolle wurde die der Zuschauerin. Dabei sollte ich kommentieren, was ich sah, und ihm auch Instruktionen geben. Ich hatte mich im Lauf der vergangenen Monate an den Anblick seiner Eier mehr oder weniger gewöhnt. Sie sahen furchtbar aus. Das hier war echt hardcore. Seine Eier waren ungelogen und ohne Übertreibung zehnmal so groß, wie Hoden so sein sollten. Ich bin mir sicher, der Tobi hat sich die Eier impotent gekloppt, der arme Kerl. Ich fühlte mich bei den Sessions aber nicht schuldig, denn ich könnte und würde ihm ja nie physisch wehtun. Aber verbal konnte ich in ihm die Erniedrigung auslösen, die er sich so sehr wünschte. Irgendwann hatten diese Termine mit ihm im Chat einen ganz klaren, ja fast orchestrierten Ablauf. Er hatte das alles, sagen wir mal, professionalisiert. Die Sessions waren Tage im Voraus vereinbart, und wenn er in die Cam kam, dann lag schon alles an Utensilien bereit. Das sah dann ein bisschen aus wie OP-Besteck, je nachdem, was er sich für den Termin eben so ausgedacht hat. Wahlweise lag da ein Baseballschläger, ein Fleischhammer, Kabelbinder, Gummibänder. Im Prinzip alles, womit man schlagen, peitschen oder abschnüren kann.

Als Auftaktfrage sollte ich immer fragen, wann er sich das letzte Mal in die Eier geschlagen hatte. Wenn ich ihm diese Frage stellte, wurde er heiß. Das sah man seinem Schwanz aber kaum an. Ich erkannte es eher an leichtem Schweiß auf der Stirn und seiner schneller werdenden Atmung. Tobias hatte keinen Sex mit Frauen, ich glaube, das ging auch gar nicht mehr. Sein Penis wirkte irgendwie wie abgeknickt. Und wenn er anfing zu wichsen, dann sah das ganz seltsam aus. Er nahm sein Ding zwischen seine zwei Zeigefinger. Irgendwann ejakulierte er dann und es tröpfelte verhalten aus der Samenröhre heraus, um es mal medizinisch auszudrücken.

Ich hätte Tobias so gern mal zum Urologen geschickt, um zu gucken, was da noch heil ist. Aber es nützte alles nichts, er fand seine Erregung nur in der Bestrafung seiner Eier. Tobias war fast drei Jahre ein regelmäßiger User in der Cam. Rund 20 Minuten dauerte das Schauspiel, inklusive An- und Abgesang und dem Malträtieren der Klöten. Er war für mich der erste Mann, der solche extremen Schmerzen erfahren wollte, und glücklicherweise blieb er auch der einzige.

Ihr glaubt, dass es bei Nudelholz & Co blieb? Fehlanzeige. Wartet mal ab, bis ihr euch zu meinen Schockmomenten durchgelesen habt. Aber nichts überspringen!

Der neue Pornoalltag

AUFGEFLOGEN

Es war mal wieder Cash-Cow-Stimmung in meinem kleinen Arbeitszimmer. Heißt, ich hatte viele verrückte User-Wünsche, die sich aber leicht und ohne komplettes Entblößen erfüllen ließen.

In meinen Anfängen standen einige Typen total auf das Catwalk-Training. So nannten es die Männer. »Hey Hanna, können wir heute wieder Catwalk-Training machen und ich sage dir, wie du dich bewegen sollst?« Danke, bitte, gern! Besser geht es doch gar nicht, dachte ich mir in den Anfängen. Kein Dildo, kein »Zeig mir deine Löcher«, einfach nur hin- und herlaufen.

Meine Aufgabe bestand darin, die wenigen Nylonstrümpfe, die ich damals so hatte, mit High Heels zu präsentieren. Die User haben mir dann gesagt, wie schnell oder langsam ich gehen sollte. Hier ein bisschen mit dem Po wackeln, da einen Modelblick machen und an den Nylons zuppeln. Darauf standen einige Typen so sehr, dass sie schon abspritzten, wenn ich die Nylons das erste

Mal anfasste. Ich glaube, diese Dinger haben etwas Magisches, denn auch heute stehen die noch hoch im Kurs.

Ich muss jetzt aber mal für einige, hoffentlich viele Frauen eine Lanze brechen: Ich finde die Dinger so unpraktisch, nervig, unnütz und extrem unbequem. Erst recht in der Verbindung mit Strapsen. Ehrlich, die bringen niemandem etwas und sehen nur geil bei einem Fotoshooting aus. Aber beim Sex, wenn man diesen mal ohne Kamera und ohne Inszenierung hat, einfach nur überflüssig. Sorry. Aber ich werde im Lauf meiner Erzählungen mit Sicherheit noch die eine oder andere (Porno-)Illusion zerstören.

Inzwischen war meine Wirkungsstätte zwar noch weit weg von meinem heutigen Set-up, aber ich lernte immer mehr dazu. Im Elektrofachmarkt habe ich mich mit Laptops und einer besseren Webcam ausgestattet und online habe ich mir ein besseres Schnittprogramm gekauft. Immerhin musste ich jede Woche zwei Filme drehen und schneiden! Den ganzen Schnittkram der Videos, erstellen von Thumbnails und guten Pornotiteln, das alles war so learning by doing. Das Einzige, was in den Anfängen fehlte, das war Licht. Ich hatte noch keine LED-Flächen, sondern nur so eine kleine Funzel an der Zimmerdecke. Licht von oben ist immer schlecht und kann auch unvorteilhaft sein. Das wusste ich damals natürlich nicht. Aber, das alles sollte ja ursprünglich auch nur ein kleiner Nebenjob sein.

In die Reihe der easy Jobs vor der Cam reihte sich auch das Eincremen und das Eisessen ein. Beim Eincremen konnte ich das Nützliche mit dem Praktischen verbinden. Ich hatte einige User, denen lag das Penetrieren scheinbar nicht so. Denn sie wünschten sich von mir, dass ich mich vor der Cam ewig und gefühlte drei Tage einfach nur eincremte. Ich hatte einen User, bei dem musste ich immer vorgeben, dass ich gerade aus der Dusche komme. Also pudelnasse Haare, verlaufener Mascara und ein dicker Bademantel, das gehörte dann alles zum Repertoire. Und natürlich durfte danach das Eincremen nicht fehlen. Oder besser gesagt die Eincremen-Orgie. Denn ich musste mich teils eine Stunde lang eincremen. So, dass ich mit dem Rücken zur Webcam stand und mir ganz langsam und intensiv den Po eincremte. Immer und immer wieder drückte ich mir die Bodylotion in die Hand und cremte damit ohne Unterlass meinen Po ein. Da ich mit dem Rücken zur Cam stand, wusste ich natürlich nicht, was der User gerade so trieb, oder besser gesagt: ob er es noch mit seiner Hand trieb. Blöd war immer, wenn ich cremte und cremte und der nette junge Mann war dann schon offline. Weil er schon längst abgespritzt hatte. Die sogenannten Schnellspritzer. So nannte ich die Typen, die echt nach nicht einmal ein oder zwei Minuten ejakulierten.

Ich habe mir als Sexworkerin schnell angewöhnt, dass die Männer im Chat sich gefälligst zu benehmen haben. Den längeren Hebel hatte ich ja durch den Bildschirm, die vermeintliche Nähe, die ja gleichzeitig eine unheimlich hilfreiche Distanz war und ist. Bedeutete im Klartext: Hatte ich keine Lust auf einen Mann, also war er ungehobelt und zu vulgär, flog er aus dem Chat. Tja, was aber tun, wenn jemand einfach schlechte Manieren hatte? Weder Danke, Bitte oder Tschüss sagte? Ganz einfach: immer wieder eintrichtern, dachte ich.

Und das tat ich auch und gab dann hin- und wieder, wenn der Intellekt meines Gegenübers das zuließ, einen kleinen Knigge-Online-Kurs. Wenn zwei Menschen sich sehen, dann begrüßt man den anderen. Wenn man etwas Nettes bekommt, dann sagt man Danke, und wenn man geht, dann haut man nicht grußlos ab. Auch nicht aus dem Chat. Bei einigen fruchtete diese Belehrung. Besonders blöd war das Thema mit dem Nicht-Verabschieden nämlich, wenn ich mit meinen Po-Backen den Laptop-Bildschirm küsste und einen Analplug in meinem Po stecken hatte. Wenn ich dann nämlich feststellte, dass der User schon lange abgespritzt hat und ausgeloggt war. Dann war die ganze Anal-Arbeit obsolet und ich habe mich minutenlang umsonst bearbeitet. Von der Vorbereitung mal abgesehen. Gut, also aus Fehlern lernt man.

Die User lernte ich über die Monate so gut kennen, dass ich genau wusste, wem ich den Rücken zudrehen konnte und wem nicht. Eine andere und sehr erfrischende Art, in der Cam mein Geld zu verdienen, ist Eisessen. Natürlich nicht irgendein Eis, sondern ein Calippo oder einen Flutschfinger, an dem man genüsslich lutschen konnte. Da gab es dann User, die baten mich, dieses Eis so zu bearbeiten, als würde ich ihren Schwanz lutschen. Gesagt, getan. Nichts lieber als das.

So gaben mir die User Instruktionen und übrigens auch Namen für ihren Schwanz, wann und wie ich meine Lippen, Zunge und Zähne (liebe Frauen, bitte bei einem echten Schwanz in der Realität nicht die Zähne benutzen!) einsetzen sollte. Da die Wünsche ja außergewöhnlich waren, war das Eisessen manchmal eine echte Sauerei. Oder ich brauchte schlicht und ergreifend gleich mehrere im Tiefkühler. Es gab natürlich einige Männer, die mich immer baten, mir das bunte Eis so tief wie möglich in den Rachen zu schieben. Also einen Deep Throat anzudeuten. Mit einem Calippo Blutorange einen extrem tief in den Rachen gehenden Blowjob nachahmen. Au ja, Langnese würde sich freuen! Lustigerweise heißt Calippo übrigens auch Quetschtüte, das könnte ja fast ein Filmtitel einer meiner Pornos werden. Aber bei der Deep-Throat-Nummer mit dem Eis stieg ich so allmählich aus. Das ist echt eine elende Sauerei und ich hatte keine Lust, an einem Eis zu ersticken. Die Lösung für diese Art von Wünschen, ist heute die Gleiche wie damals: ein klares Nein! Ich mache in der Cam vieles möglich, aber eben nicht alles. Und schon gar nicht mache ich mich zum Horst. Daher bat ich die Männer, einfach einen meiner Pornofilme zu laden, denn da mache ich das mit einem echten Schwanz und keinem Eis. So konnte ich dann damals auch schon schnell aufwendige Wünsche ganz gut kanalisieren.

Und dann kam es, wie es kommen musste. Es gibt ja bei den meisten Dingen im Leben eine Sollbruchstelle.

Der Matthias, der war so eine. Matthias war mein Kollege auf der Station, er arbeitete als Krankenpfleger mit mir zusammen. Er war damals Ende zwanzig, ein wenig untersetzt, eine richtige Frisur konnte ich nicht erkennen und die Hände waren immer ein bisschen schwitzig und sahen käsig aus. Fasste er irgendwo eine glatte Oberfläche an, waren da Fingerabdrücke. Matthias war jetzt keine Schönheit, eher nerdy, aber als Kollege so weit gut auszuhalten. Wir haben verteilt auf die zwei Jahre viele Schichten zusammen geschoben. Wenn ich sagen würde, dass es in einigen Spätschichten seinerseits schon mal knisterte, dann wäre das untertrieben. Matthias war richtig heiß auf mich. Damit hielt er nicht hinter dem Berg. Auch nicht hinter dem Berg halten wollte er damit, dass er mein kleines Pornogeheimnis kannte.

Wir saßen gemeinsam im Dienstzimmer, es war spät und die meisten unserer jungen Patienten hatten den Weg ins Bett bereits gefunden. Matthias holte sein Handy raus und zeigte mir Thumbnails, auf denen ich die Beine spreizte und man meine Pussy sah. Die Tatsache, dass er die Thumbnails nicht verpixelt angezeigt bekam, sagte mir: Er weiß nicht nur, was ich tue, er hat auch die Filme runtergeladen oder geschickt bekommen.

Matthias griente selbstgefällig, so, als ob er einen einmaligen Ermittlungserfolg einer Soko präsentierte. »Das spricht sich beim Fußball bei mir im Dorf herum. In der Kabine ziehen sich alle deine Pornos rein und ich kann sagen, dass ich mit dir hier nachts allein bin. Das bist doch du, oder?«, sagte er sabbernd und mir wurde schlecht und ich wurde zugleich sauer.

Ich bat ihn, das zumindest hier auf Station doch bitte für sich zu behalten. Dabei erklärte ich ihm, dass an dieser kleinen Vereinbarung zwischen uns ja auch so ein bisschen mein Job und damit auch meine Existenz hing. Matthias erwies sich als loyal, was das anging. Sechs Monate sickerte auf Station nichts durch. Seitdem er allerdings wusste, dass ich Pornos drehe, schickte er mir regelmäßig Dick-Pics. Ja, die Dinger gab es schon damals. Und nein, liebe Männer, die finden Frauen Nullkommanull Prozent geil. Weder damals noch heute, weder als unscheinbare Krankenschwester noch als Pornosternchen. Ich glaube, nicht mal schwer betrunken mögen wir Frauen Dick-Pics. Fettes Dislike!

Jedenfalls hielt Matthias, was meine Kolleginnen auf der Station anging, dicht. Das war aber auch das Einzige, was dicht bei ihm war. Seit meiner Offenbarung schrieb er mir dann immer mal wieder, dass er mich auf dem Dienstzimmer so gern von hinten gefickt hätte. Die Fantasie mit dem Kittel, die könnt ihr hier aber direkt aus euren Köpfen streichen! Denn wir haben auf der psychiatrischen Station immer in ziviler Kleidung gearbeitet. Damit wir eine Art Augenhöhe mit unseren psychisch labilen Patienten hatten. Zumindest sollte es dieses Gefühl vermitteln. Was ich bei Matthias aber so bezeichnend fand, was das Thema »Männer« anging, war: Dass er mir, obwohl er mir Schwanzbilder und lustvolle Fantasien per Textnachricht schickte, trotzdem immer wieder stolz von seiner Freundin, der Melli-Maus, erzählte. Wie hübsch und lieb sie doch war.

Gern zeigte er mir Fotos vom Abi-Ball oder Urlaubsbilder. Was auf Bildern aussieht wie eine schöne heile Beziehungswelt, kann sehr oft trügen. Man sagt ja so schön: »Unter jedem Dach gibt es ein Ach.« Heute bekomme ich es in der Cam ja auch oft mit. Dieses »Ich habe jetzt fünf Minuten, dann kommt meine Frau vom Sport zurück« oder »Die sitzt nebenan im Meeting, die denkt, ich habe hier einen wichtigen Call«. Es gibt zahlreiche solcher Erlebnisse in meinem Job, die es mir auch als Frau nicht einfacher machen, Männern generell Vertrauen zu schenken.

UND WIE SAG ICH ES MAMA?

Ich habe in einer kleinen Stadt in Schleswig-Holstein gelebt und wie ihr ja wisst im Krankenhaus gearbeitet. Elmshorn war die nächstgrößere Stadt zu meinem Heimatdorf. Hier wusste jeder etwas über den anderen zu berichten. Da die Stadt überwiegend industriell geprägt war, gab es dort auch keinen Schönheitspreis zu gewinnen. Hier lebte, wer sich Hamburg nicht leisten konnte, wer hier geboren wurde oder wie ich noch dezentraler, abgehängter wohnte, als Elmshorn gelegen ist.

Es gab eine Dorfdisco, ein paar Baumärkte, einen McDonalds, in dem wir als Teenies abhingen, und das Traditionsunternehmen Kölln Flocken. Also, man fand hier Arbeit. Peter Kölln sei Dank, der versorgte vor 200 Jahren die hungrigen Seefahrer mit blauen Päckchen mit Haferflocken. Manche Dinge ändern sich scheinbar nie. Die blauen Pakete gibt es immer noch. Jedenfalls haben zu meiner Zeit, kurz bevor mein Doppelleben anfing, viele junge Menschen bei der Polizei oder im Krankenhaus gearbeitet, so wie ich.

Da war zum Beispiel der Hakan. Der war ein junger, engagierter Dorfcop. Schob sicherlich eine Menge Nachtschichten und schob auch mit Autos. Das wusste jeder. Wenn man mal ein Ersatzteil brauchte oder Unterstützung beim Autoverkauf, einen frisierten und jungfräulichen Tacho, dann war Hakan der richtige Ansprechpartner. Ebenso gängige Praxis bei uns da draußen war, dass der Freund und Helfer die jungen, knapp bekleideten Mädels nach der Disco nach Hause fuhr. Das kostenlose Bullen-Taxi sozusagen. Jetzt könnte man natürlich sagen, das ist ja ein sehr sicherer Service der Beamten, aber ein komischer Beigeschmack, der bleibt ja trotzdem. Ich selbst habe nie ein Bullen-Taxi genommen, dafür wurde ich mit dem Rettungswagen lange vor meiner Pornokarriere mit einer Freundin in die Dorfdisco gefahren.

Unsere Disco-Kohle war immer sehr genau abgezählt. Es reichte für den Eintritt, die Taxifahrt nach Hause und vielleicht zwei Wodka-O. Mehr aber auch nicht. »Einsteigen, Mädels, wir bringen euch mit Sonderrechten in die Disse«, sagte einer der Sanitäter auf dem Rettungswagen.

Elmshorn hat sich vor einigen Jahren mal eine Imagekampagne aufschwatzen lassen. Der Slogan hieß: »Elmshorn supernormal!« Zum neuen Werbespruch gab es damals Plakate und Karten in knalligem Pink. Die Kampagne sollte dem Image der Stadt ein wenig Schwung verleihen. Aber der Schuss ging wohl gewaltig nach hinten los. Mehr als die Hälfte der Elmshorner fühlten sich dadurch wohl ein bisschen gedisst. Wer will schon supernormal sein? Auf einem der Plakate stand: »In Elmshorn kann man super ein ganz normales Leben führen.« Ich fand das so lustig, weil ich mich so extrem angesprochen gefühlt habe. Da bei mir ja das absolute Gegenteil der Fall war. Ich führte kein normales Leben und das wusste nach über einem Jahr Pornos drehen auch so allmählich jeder. Auch meine Familie.

Ich konnte es ihnen aber nie selbst mitteilen, es muss sich bis zu meiner Mutter und meinen drei Geschwistern herumgesprochen haben. Für meine Schwestern, oder besser gesagt, bei uns zu Hause war das Thema Sex ohnehin kein Thema. Ich habe monatelang überlegt, wie ich meinen zwei Schwestern und meinem Bruder von meinem zweiten Job berichten sollte. Aber mir schnürte sich bei dem Gedanken daran die Kehle zu. Wie sollte ich es ihnen denn auch beichten? »Hey, liebe Familie, ich hatte da so eine Schnapsidee und jetzt bin ich ein Pornostar?«

Ich schwieg also weiterhin und lebte in der Zeit meines heimlichen Doppellebens im Grunde isoliert. Ich wollte einfach die Menschen, die ich liebe, nicht belasten. Wenn eines Tages daraus etwas Größeres wird, so dachte ich, dann will ich das mit Erfolg präsentieren. Aber nicht jetzt in den Anfängen, wo ich nicht weiß, wie groß das wird. Oder ich vielleicht sogar mit dem Pornobusiness gar nicht durchstarte. In jedem Fall waren meine Geschwister über das, was sie hörten, gelinde gesprochen abgeschreckt. Das ließen sie mich spüren, der Kontakt wurde weniger. Ich fing dadurch bedingt auch an, mich abzukapseln.

Eines Abends klingelte es bei mir. Mein damaliger Freund Lukas war zum Glück auf der Arbeit und ich war gerade auch nicht im Cam-Modus, da meine Cam-Zeiten erst in zwei Stunden beginnen würden. Mein fünf Jahre älterer Bruder Tom stand vor der Tür und bat um ein kurzes Gespräch. Ich war in dem Moment einfach nur froh, dass ich nicht total aufgedonnert vor meinem Bruder stand. Ich bat ihn rein, huschte schnell noch am Schlafzimmer vorbei, um die Tür zu schließen. Zu unangenehm wäre es mir gewesen, wenn er die ganze Technik und meinen Arbeitsplatz gesehen hätte. Wir gingen in die Küche und ich bot ihm etwas zu trinken an. Tom lehnte dankend ab.

»Mama macht sich Sorgen. Du bist inzwischen ein Stadtgespräch und es reden inzwischen echt alle über dich. Weißt du das eigentlich?«, sprach er mich ohne Umschweife an. Es fiel mir schwer, die richtigen Worte zu finden. Denn ich wusste ja, dass er recht hatte. Ich hatte Tom nichts entgegenzusetzen. Aber ich verstand nicht, warum alle sich so aufregten.

»Ihr tut so, als würde ich etwas Verbotenes tun. Ich präsentierte mich nackt im Internet, ja. Aber wir sind doch nackt alle gleich und wer hat nicht schon mal sexy Bilder per Whatsapp oder Snapchat verschickt«, entgegnete ich als schwachen Versuch, die Situation abzumildern.

Wir unterhielten uns noch eine Weile, drehten uns dabei aber nur im Kreis. Zuletzt erfuhr ich, dass meine Mutter dachte, ich ginge auf den Strich und würde dazu gezwungen werden.

Das gab mir den Rest, ich musste das erst einmal sacken lassen. Unser Kontakt dünnte zu dem Zeitpunkt aus. Im Grunde hatte ich gar keine Gelegenheit, es meiner Mutter mitzuteilen, denn sie wusste es ja bereits. Und sie hatte ihren ganz eigenen Weg gefunden, damit umzugehen. Sie fing an, im Dorf zu recherchieren, da sie immer noch glaubte, ich würde von meinem damaligen Freund Lukas gezwungen werden. Eine verzweifelte Suche nach Antworten, dachte ich damals. Wobei Mamas Recherchen an anderer Stelle einen Stein ins Rollen brachte. Den letzten …

USER KAI: ZWISCHEN LUFT, LIEBE UND LEDER

In meinen Solos oder auch Hardcore-Streifen tauchten ja auch immer wieder persönliche Dinge von mir auf. Gegenstände, Mobiliar oder je nach Story in meinem Porno zum Beispiel auch mal mein Auto. Als Kai das erste Mal in meine Cam kam, fragte er nach meinen Ledersitzen meines süßen Flitzers Pepper. Maschinen bekommen bei mir immer einen Namen. Jedenfalls wollte Kai wissen, ob ich mich mal mit kurzen Hosen in die Ledersitze setzen könne, um diese vollzuschwitzen. Also meine Beine und meine Po-Backen sollten sich klebrig an meine Ledergarnitur pressen und Schweißtropfen hinterlassen. Das fiel am Anfang meiner Karriere jetzt schon in die Kategorie sonderbar. Nicht furchtbar, demzufolge war das schon mal viel wert.

Kai nannte sich im Chat »Corvetti«, weil er sein Auto so liebte. Er sprach sehr oft über sein Auto und war richtig stolz darauf. Kai wirkte auf mich so wie die gehobene Mittelschicht. Geschieden sei er, sagte er, und er hätte einen guten Job in der Pharmaindustrie. Kai muss so um Mitte 50 gewesen sein. Damit war er, was den Altersdurchschnitt so anging, schon eine Rarität. Die meisten User waren in der Regel deutlich jünger. Während der Cam-Sessions sollte ich ihm dann immer haarklein erzählen, wie ich meine Autositze vollschwitze. Wahlweise zeigte ich ihm dann auch Fotos, die ich extra gemacht habe, wenn ich mit kurzen Hosen im Auto saß. Mit jeder Session wurde Corvetti dann fordernder und fragte mich, ob ich noch andere Ledersachen zu Hause hatte. Der Stoff Leder hat es unserem Kai also angetan. Ich überlegte, was ich so aus Leder zu bieten hatte, und mir fiel mein Pferdesattel ein und meine Motorrad-Kombi. Die staubte auch schon ein wenig im Keller ein. Ich habe nicht einmal die zwei Worte ausgesprochen, da bekam er direkt einen Steifen. Ich wusste zu dem Zeitpunkt noch nicht, was er damit vorhatte, aber ich sage euch: Das war für mich auf jeden Fall hart verdientes Geld, oder Dirty Coins – das war ja meine Währung.

Jeder User ist natürlich so ein bisschen zu verstehen wie eine Art Puzzle. Jedes Teil ergibt irgendwann das große Ganze. Irgendwann weiß ich, was dem User fehlt, was er braucht und worin er manchmal auch nur ausschließlich seine Erregung erfährt. Kai alias »Corvetti« zeigte sich in der Cam im Ganzkörperformat. Also so, dass ich ihn komplett erkennen konnte. Voller Stolz präsentierte er sich so eines Nachts mit seiner Klavierbank.

Mittig auf dem Sitz hatte er scheinbar ein Loch hineingeschnitten. Warum? Damit die Luft entweichen kann. Das war es, was ihn anmachte! So saß er kerzengerade vor mir auf dieser Klavierbank und stand auf und setzte sich hin, und wieder von vorn. Das machte er in etwa eine Stunde lang so. Nackt, versteht sich! Sein Gesicht sparte er dabei manchmal aus. Das schaffte er, indem er seine Webcam so einrichtete, dass sein Gesicht ja nicht in den Bildschirmausschnitt hineinragen konnte. Das Geräusch der entweichenden Luft machte ihn unendlich geil. So geil, dass ich sogar seine Lusttropfen erkennen konnte. Die zogen richtige Fäden und blieben an der Klavierbank kleben. Nur durch das Geräusch des Luft-Entweichens stand sein Schwanz, ohne dass er sich dabei anfasste. Am Ende wichste er dann auf seine

Klavierbank. Ein richtig großer Klecks war das immer. Das war dann das *grande finale*.

Meine Nacktheit war dabei nicht so wichtig. Alles, was er wollte, war, sich verstanden zu fühlen. Manchmal fragte er mich, ob ich das komisch fände. Diese Frage bekam ich sehr oft von Usern gestellt. Was sollte ich sagen? Lügen mochte ich nicht. Daher bestärkte ich dann meine Kunden darin, wenn ich erklärte, dass ich sie verstehen kann. Ich glaube, dass Verständnis beim Thema Vorlieben und Sexualität immer eine ganz wichtige Rolle spielt. Kai erzählte mir auch, dass er bei anderen Sexworkerinnen nicht ernst genommen und sogar ausgelacht wurde. So blieb er mir treu.

Auch wenn es verrückt klingen mag, aber die Klavierbank war eine Art Partnerin für ihn. Zumindest, was die Anziehungskraft betraf. Neben seiner Klavierbank liebte Kai ja Leder. Meinen Pferdesattel hatte ich für ihn am Anfang einfetten sollen. Das erregte ihn, und parallel dazu nahm er dann immer wieder Platz auf der Klavierbank, durch dessen Loch die Luft entwich. Irgendwann war dann auch für mich der denkbar aufwendigste Part gekommen. Kai bat mich, ob ich mich in meiner Motorrad-Montur ganz dicht vor der Cam bewegen könnte. Das Knartschen der Garnitur erregte ihn so sehr. Ich habe mich immer ziemlich gefreut, wenn er kam. Denn die Sessions gingen lang und ich musste kaum etwas von mir zeigen oder mich penetrieren. Aber im Hochsommer stundenlang in der Motorrad-Leder-Garnitur in der Cam zu hängen, das war wirklich anstrengend. Schließlich durfte ich mir ja nicht anmerken lassen, dass bei mir so langsam die Luft raus war. Ein bisschen so wie bei seiner Klavierbank.

Man wird nicht als Pornostar geboren

UNGEKÜSST

Ich glaube, dass der Großteil der Leute, die von meinem Nebenjob damals erfahren haben, so geschockt waren, weil *ich* es war. Ich, diejenige, der niemand hinterhergeschaut hat. Diejenige, in die keiner verknallt war oder über die getuschelt wurde. Ich war einfach nicht hot. Und ausgerechnet die dreht dann auch noch Pornos. Das schien unglaublich, aber vielleicht auch gerade deswegen so geil. Dieses Girl-next-door-Ding, da ist etwas dran.

Jedenfalls war ich ein richtiger Spätzünder, weil ich mit 17 Jahren immer noch Jungfrau war. Andere Mädchen waren irgendwie immer schöner und attraktiver als ich. Ich konnte ja auch nicht so richtig Kohle in meinen Look, mein Make-up oder meine Klamotten investieren. Denn es fehlte uns vorn und hinten an Geld, also Mama. Trotzdem hatte ich die gleichen Wünsche wie andere Teenager-Mädels auch. Es muss so in der 7.

Klasse gewesen sein, ich war ungefähr 14 Jahre alt und alle anderen Mitschülerinnen fingen an, Tangas zu tragen und BHs. Irgendwie bekam ich aber von anderen Mädels nur gesagt, ich bräuchte keinen BH, denn ich hätte da ja auch nichts reinzutun. Viel war da wirklich nicht, das stimmte leider schon. Ich hatte aber die Hoffnung, dass da noch etwas käme, und wünschte mir zumindest einen Tanga.

Ich fragte meine Mutter also, ob ich so etwas tragen dürfte. Als ich sie damit in unserem Waschkeller so unvermittelt ansprach, nahm sie zwei Stofftaschentücher und sagte: »Wenn du die beiden zusammennähst, dann hast du deinen Tanga.« Das war natürlich nicht das, was ich hören wollte.

Ich suchte also nach einem anderen Weg, um an das begehrte Stückchen Stoff zu kommen. Das Stückchen Stoff, das mich auf der Sexiness-Leiter vielleicht mal ein paar Sprossen nach oben bringen könnte. Da ich, wann immer es ging, sparte, hatte ich ein wenig Geld zusammen und bekam dann dafür regelmäßig die Zeitschrift »Bravo« von meiner Mutter. Meine kleinere Schwester Svea hatte die »Wendy«. Drei Jahre Altersunterschied machen einfach viel aus. Sie war noch bei Ponys und ich fand Jungs mit knapp 15 Jahren natürlich spannend. Auf eine »Bravo«-Ausgabe hatte ich es ganz besonders abgesehen, denn die hatte einen Tanga gratis mit dabei. Ja, so etwas gab es damals scheinbar als Zugabe. Dieses kleine, heiße Ding hatte weiße Verzierungsnähte und ein Leo-Muster. Ich konnte mir die

Ausgabe dieser »Bravo« dann zu meiner großen Freude sichern und war unendlich happy über meinen allerersten Tanga.

In der Mädchenumkleidekabine in der Schule präsentierte ich den dann voller Stolz und in der Hoffnung, dass keiner bemerkte, dass ich ihn aus einer Zeitschrift hatte. Endlich hatte ich das Gefühl, cool zu sein, ein bisschen mit den anderen Mädels mitzuschwimmen und von den Jungs gesehen zu werden. Denn, wenn die Mädels in der Umkleidekabine sahen, dass ich einen Tanga trug, dann würde sich das sicherlich auch bei den Jungs und der Klasse herumsprechen. Dachte und hoffte ich.

Doch vergeblich! Alles blieb beim Alten. Die Errungenschaft meines einen Tangas sprach sich nicht wie erwartet herum, und ich war und blieb zu schüchtern, um Jungs anzusprechen. Wahrscheinlich war das und mein Schlabberlook auch mit der Grund, weshalb ich, bis ich 17 Jahre alt war, Jungfrau blieb. Denn das bisschen Taschengeld, das ich hatte, investierte ich garantiert nicht in schöne Rüschen-Unterwäsche, sondern ich sparte für meinen Führerschein. Ich wollte, so schnell es ging, unabhängig sein. Durch meine aufgetragenen Klamotten meiner Geschwister war und blieb ich also die Außenseiterin und Mitläuferin.

Aber für so einen Teenie-Kummer hatte meine Mutter damals kein Ohr. Meine Mutter war eine zupackende Frau, fühlte sich der Natur nahe und sah nicht ein, warum sich Frauen schminken oder groß aufstylen sollten. Ich glaube, wenn man allein eine Schar Kinder durchbekommen muss, dann zählt eben nur, was abends in der Kasse ist. Und nicht, welcher Junge der Tochter hinterherpfeift oder auch nicht. Mama hatte andere Dinge im Kopf. Nach unzähligen, sagen wir mindestens fünf Umzügen waren wir endlich in einer 400-Seelen-Gemeinde in Schleswig-Holstein angekommen. Einem Dorf, in dem wir endlich Wurzeln schlagen konnten. Nachdem unser Vater uns und meine Mutter in einer Nacht- und Nebelaktion sitzen gelassen hatte. Ich muss damals sechs Jahre alt gewesen sein – es war schlimm. Wir verloren unser Zuhause und das heile Familienidyll buchstäblich über Nacht. Mama spricht bis heute nicht gern drüber, was damals genau geschehen war. Heute möchte ich es auch nicht mehr wissen. Ich hatte nie einen Vater, und was man nicht kennt, das kann man auch nicht vermissen. Angekommen in der 400-Seelen-Gemeinde meinte es das Glück aber gut mit uns und Mama ergatterte die Pacht eines Landgasthofes in unserem Dorf.

Fortan war sie Wirtin und Pächterin in der Gaststätte, der Dreh- und Angelpunkt im Dorf. Hier trafen sich von Feuerwehr bis zum Schützenverein alle, hier sprach sich alles rum bei Korn und Krombacher. Keine heile Welt, aber endlich Heimat, endlich mal Ankommen für uns. Ich ging auf Schützenfeste oder zur Dorfparty beim Griechen. Nur weil mir keiner hinterhersah, hieß das ja nicht, dass ich keinen Spaß haben konnte.

Bei uns haben die größeren Geschwister die Kleineren erzogen. Wie bindet man die Schuhe zu, wie schmiere ich mir ein Brot, wann passt der Pulli der großen Schwester. Alles Dinge und Fragen, die wir als Kinder untereinander klären mussten. Anders ging es nicht, weil unsere Mutter ja 24/7 im Landgasthof war. Dadurch gab es bei uns wenig Struktur und kaum Kontrolle durch Eltern, dafür aber jede Menge Freiheiten. Die uns auch schnell selbstständig werden ließen. In einer Bilderbuchfamilie holen die fürsorglichen Eltern ihre Kinder von Partys oder Freunden ab, bei uns lief das ein wenig anders. Mama hat mich schon das eine oder andere Mal vergessen, ja. Bei Freunden, im Pferdestall, beim Ballett.

Ich erinnere mich, dass ich als zehnjähriges Mädchen mal beim Ballett war und alle anderen Mädchen abgeholt worden sind. Ich saß auf einem kleinen Hocker in der leeren Kabine und meiner Ballettlehrerin erzählte ich, dass meine Mama wohl schon draußen warten würde. Das tat sie nicht, das wusste ich auch. Aber ich wollte mir nicht die Blöße geben. Ich bin dann die vier Kilometer abends nach Hause gestiefelt. Natürlich wartete auch zu Hause keine Mutter auf mich mit einem Abendbrot oder einem Tischgebet.

Aber ich bin meiner Mama gar nicht böse und ich verliere auch keine schlechten Gedanken daran. Denn ich weiß ja, dass sie ihr Bestes gegeben hat. Und ich gab mein Bestes und vertuschte dann vor anderen, dass ich mal wieder vergessen wurde. Auch so kann man als Familie zusammenhalten, indem man die unschönen Macken einfach ein bisschen kaschiert. Wir waren fünf

Kinder und alterstechnisch gesehen ein bisschen wie die Orgelpfeifen auseinander. Ich war 15 Jahre alt, Lasse war 17 Jahre alt, Svea 12, Sara war mit 24 Jahren damals die Älteste und Tom war 19 Jahre alt.

Mama stand Tag und Nacht im Landgasthof, um Geld zu verdienen, und für Fahrdienste war da keine Zeit. Aber unsere Mutter kannte durch den Landgasthof das halbe Dorf und konnte immer auf die Stammgäste zählen. Schumi war ein gern gesehener Stammgast, denn hier hatte er immer was zu tun. Schumi war nämlich Taxifahrer und fuhr die Besoffenen regelmäßig nach Hause. Er muss so um die fünfzig gewesen sein, wirkte aber schon ein wenig lebensälter. Korpulent, kaum Haare auf dem Kopf, immer ein glatt rasiertes Gesicht und lächelnd rauschte er mit seinem alten Mercedes und den Plüschsitzen durchs Dorf. Seinen Namen hatte er wohl seinem Bleifuß zu verdanken, aber das interessierte auf dem Dorf sowieso keinen. Ob man rast oder vorher am Tresen einen gehoben hat.

Wenn Schumi nicht fuhr, saß er gern am Tresen oder ließ sich von meiner Mutter etwas Herzhaftes servieren. Der eine oder andere Teller ging dann schon mal aufs Haus, dafür hatten wir Kids bei ihm eine Art Freifahrtschein. Denn Schumi wusste, dass er uns immer fahren muss. Meine Mutter hatte ihm eingebläut: »Egal wo meine Kinder sind, du nimmst die mit und bringst die nach Hause!« Das hat dann auch immer gut funktioniert. Wir kamen von jeder Party heil nach Hause. Wir waren nicht behütet und es gab auch kein gemeinsames

Abendbrot, aber unsere Mutter hatte immer ein Auge auf uns. So gut es eben ging.

Wenn wir ausgingen, dann nahm mein älterer Bruder Lasse damals gern die extreme Beschützerrolle ein. Er gab sich sogar als mein Freund aus, das war natürlich ziemlich cool, denn ich hatte ja niemanden. Kein männliches Wesen, das sich vorstellen konnte, mein Freund zu sein. Manchmal hatte ich auch einen Zettel dabei. Auf dem dann draufstand, dass meine Mutter mir erlaubt, dass ich ausgehe. Das lief damals so. Die Sicherheitsleute vorm Dorfkrug sind auch so manches Mal auf unsere gefälschten Ausgeh-Erlaubnis-Zettel hereingefallen.

Trotz vieler Partybesuche landete ich einfach keinen Wurf bei den Jungs. Kaum Busen, billige Klamotten, schlechte Schminke. Das mit dem Schminken hat damals einfach nicht hingehauen. Ich hatte immer einen fetten Make-up-Rand, viel zu dollen Kajal und eine Plastik-Stachelkette um den Hals. Es war wirklich alles, nur nicht schön oder sexy. Wenn ich heute zwölfjährige Mädels sehe, dann sehen die für mich alle fast aus wie Kim Kardashian. Alle sind so perfekt geschminkt und sehen aus wie Stars. Aber zu meiner Zeit gab es halt noch keine Youtube-Tutorials, die einem zeigen, wie man sich perfekt schminkt. Und das mit dem Look, da haperte es ja am Geld. Damals waren Hosen von Miss Sixty in, das konnte ich mir nicht leisten. Deswegen trug ich Kleidung von New Yorker oder KiK. Ehrlich gesagt trugen aber nur Trottel oder Leute, die keine Kohle hatten, solche Sachen.

Rückblickend kann ich heute schon sagen, dass ich mich als richtiges hässliches Entlein empfunden habe. Das kann ich mit Abstand sagen und ich sage es auch mit Stolz! Denn heute verdiene ich mein Geld mit meinem Aussehen. Zurück zum hässlichen Entlein: Auch ein blindes Huhn findet ja bekanntlich mal ein Korn oder in dem Fall einen Hahn, der es bespringen will. Auf diesen unromantischen Moment musste ich dann aber noch warten, bis ich 17 Jahre alt war. Ihr wollt doch sicherlich wissen, wie und wo ein Pornostar seine Unschuld verlor? Die Antwort findet ihr auf den nächsten Seiten.

TASCHEN OHNE GELD

Seit der Trennung meiner Eltern war Geld immer ein schwieriges Thema. Immerhin war unsere Mutter auf sich gestellt, allein mit fünf Kindern. Richtiges Taschengeld, so, wie andere Klassenkameradinnen es bekommen haben, das gab es bei uns nicht. Geld für die Klassenreise oder für teure Hobbys war einfach nicht drin. Die Kleidung trugen wir untereinander auf und die Spielekonsole wurde durch fünf geteilt.

Es gab auch keine klaren Abläufe oder eine klare Ordnung, aber es gab immer einen Zusammenhalt. Bis heute. Ich war in etwa zehn Jahre alt, als meine Mutter die Pacht von dem Landgasthof übernahm. Mit zwölf Jahren begann dann für mich die Zeit, endlich mal eigenes Geld zu verdienen. Ich verdiente rund 7,50 Euro die

Stunde, das war richtig viel Asche für mich. Heute weiß ich gar nicht, ob das alles überhaupt rechtens war, aber ich wuchs da rein und konnte mit 14 Jahren Teller stapeln und half bei jeder großen Feier im Landgasthof aus. Die Feuerwehr, die Jägerschaft, die Kegelklubs, alle ließen bei uns die Korken knallen. Und ich sparte jeden Cent, den ich da verdienen konnte.

Eigentlich war es für uns fünf die große Freiheit. Auch wenn das Rollenbild der Familie fehlte, war dieser Ort Geborgenheit und Freiheit zugleich. Kindergeburtstage wurden nicht in unserem bescheidenen Zuhause gefeiert, sondern natürlich im Gasthof. Mit fetter Eisbombe in warmer Himbeer-Kirsch-Soße, mit Pommes und Chicken-Wings und Mamas selbst gemachtem Johannisbeer-Saft. Da war es auch egal, dass ich auf alten Klassenfotos meiner großen Schwester sah, dass das T-Shirt, das ich trug, schon seine dritte Saison hinter sich hatte. Was will ich euch damit sagen: Zum Glücklichsein braucht es nicht viel Geld oder eine Bilderbuchfamilie. Man kann jederzeit das Beste aus der eigenen Lebenssituation machen, wenn man die schönen Dinge erkennt.

Den Landgasthof, den gibt es heute nicht mehr, aber es gibt immer noch Stammgäste, die sich nach uns erkundigen. Da war zum Beispiel der Jürgen, der hat sein Bestes gegeben, um eine Art väterliche Figur abzugeben. Er half zum Beispiel bei unseren Kindergeburtstagen und das mit nur einem Auge. Das andere hatte der gute Jürgen beim Jagdunfall verloren, das wurde ihm rausgeschossen. Jürgen trank gern mal einen Korn und flachste mit uns Kids rum, ein lustiger Kerl mit schütterem Haar. Ich habe ihn nie vergessen.

Oder Heribert Höckel, der war auch ein Jäger und Stammgast. Eines Tages saß er da bei uns am Tresen und kam dann jeden Tag zur Mittagszeit. Irgendwann erzählte er meiner Mutter, dass er einen Dackel zu Hause hatte, der nicht schusssicher war. Was so viel bedeutet wie, dass der Hund Angst vor Schüssen hatte und die Flucht ergriff. Das ist für einen Jagdhund im allerschlechtesten Fall ein Todesurteil. Dackeldame Anna sollte weg, egal wie, Hauptsache weg. Meine Mutter gab Dackelhündin Anna sofort Obdach und fortan gehörte sie mit zu unserer wilden Familie. Heribert war heilfroh, als er seinen nicht jagdtauglichen Dackel bei uns loswurde. Er kam nachmittags rein, übergab uns Anna mit ihrem Zubehör, trank ein Krombacher und zottelte los.

Irgendwas war bei uns im Laden immer los. Zwischen Highlife und Lernen fürs Leben. Die schöne Zeit im Landgasthof dauerte sieben Jahre an. Ich wuchs dort auf und konnte kaum über den Tresen gucken. Als ich 17 Jahre alt war, war diese Zeit zu Ende. Mama konnte sich mit ihrem Ersparten zwei kleine Ferienhäuschen kaufen und musste dafür nicht mehr Tag und Nacht hinterm Tresen und in der Küche schuften.

Ich hatte zwar keinen Papa, aber dafür ein Pony. Denn diesen riesengroßen Wunsch machte uns Mama möglich. Ich erinnere mich noch haargenau. Ich hatte mit meiner drei Jahre jüngeren Schwester Svea angefangen, in einem Stall Reitunterricht zu nehmen, den wir natürlich selbst bezahlt haben. Um uns die Reitstunden leisten zu können, haben wir Pferdeboxen ausgemistet. Mit Vergnügen, ich kannte es ja nicht anders. Wenn man etwas haben will, dann muss man dafür eben schuften.

Ich muss zwölf Jahre alt gewesen sein und ritt immer wieder mein Lieblings-Isländer-Pony »Skuld«. Dieses liebe und sanfte Wesen war mein absolutes Traumpferd. Irgendwann wurde sie krank. Meine Mutter verhandelte dann mit der damaligen Besitzerin und kaufte mir und meiner jüngeren Schwester das Pony. Wir fuhren morgens in den Stall und die Reitlehrerin Sonja führte uns mit einem Vorwand auf den hinteren Teil des Hofes. Sie sagte, wir müssten jetzt tapfer sein, und ich dachte schon an das Allerschlimmste. Vielleicht ein toter Hofhund oder ein Pony mit Koliken. Wir gingen ein Stück weiter und die Sonne blendete mich, sodass ich meine Augen zusammenkneifen musste. Dann ging das Tor auf und da stand sie dann: Skuld hatte eine riesige Schleife um den Hals. Meine Mutter trat aus der Box hervor und ich fiel ihr weinend um den Hals. Das war das schönste Geschenk, an das ich mich erinnern kann. Wer braucht schon einen Papa, wenn man so ein schönes Pony hat, dachte ich. Alles hat er uns nach der Trennung genommen, unsere Spielsachen verschenkt und unser Haus verkauft. Aber unsere Mutter hat es immer wieder geschafft, dieser dunklen Zeit in den richtigen Momenten Zuversicht und Licht zu schenken.

Heute kann meine Mutter zwar immer noch nicht ganz verstehen, dass ich meinen soliden Job als Krankenschwester an den Nagel gehängt habe und nun Pornos drehe. Und lange Zeit war meine Mama damit auch nicht einverstanden. Aber wenn ich ihr erzähle, dass ich mit meiner Social-Media-Reichweite sogar etwas Gutes ausrichten kann, dann ist sie stolz. Wie zum Beispiel in einer Stunde für die Ahrweiler Flutopfer aus dem August 2021 rund 1000 Euro zu sammeln. Sie ist stolz, dass ich meinen Weg gegangen bin und damit gutes Geld verdiene. Und das alles ganz ohne einen Mann!

SEX ODER LIEBE?

So viel vorweg: Ich dachte früher immer, dass Sex und Liebe untrennbar voneinander sind. Das eine geht nicht ohne das andere. Und wisst ihr was: Obwohl ich im Pornobusiness bin, haben mir meine Drehpartner immer etwas bedeutet. In den Köpfen vieler sind bei Pornos immer drei Schwänze im Bild und am besten jedes Mal ein anderer Typ. Das reizt mich null. Ich habe auch nie sogenannte User-Treffen angeboten, bei denen es Amateur-Pornodarstellerinnen mit wildfremden und bedeutungslosen Typen treiben. Von Analsex bis Blasen zu Anpinkeln oder Einpinkeln. Ja, richtig gelesen: Es gibt Typen, die fahren total darauf ab, wenn sich die Frau in ihrer knallengen Hose einpieselt.

In jedem Fall kam davon für mich nie etwas infrage. Obwohl der jetzige Markt geradezu nach solchen User-Treffen verlangt. Das spüre ich immer mehr. Denn viele

User fragen mich heute regelmäßig danach. Im schlechtesten Fall wandern sie sogar ab, wenn ich klarmache, dass ich mich nicht zum Sexdreh treffe. Und da wären wir wieder bei meinem Prinzip: In meinem Business bestimme *ich*, mit wem ich es wie, wo und wann treibe. Und ich habe schon viele Pornos mit Liebe, Gefühl und echten Orgasmen gedreht. Und ist echte Erregung nicht auch genau das, was man als Konsument sehen will? Ich zumindest schon. Ich weiß von vielen Kolleginnen im Pornobusiness, die es mit ihren Lebenspartnern vor der Kamera treiben. Ich als Frau sehe dabei ganz genau, wie viel Spaß sie hat und was Show ist.

Ich habe mich natürlich auch schon mit netten Typen zum Pornodreh verabredet, die ich aber vorher erst einmal kennenlernen wollte. Auf Instagram bekomme ich, seitdem ich kommerziell meine Pornos vermarkte, Angebote von jungen Männern, die sich als Drehpartner anbieten. Zum Teil auch wirklich junge Typen, die keine 20 Jahre alt sind. Das zeigt mir dann auch immer wieder, wie jung Pornokonsumenten sind.

Wie auch immer: Liebe Männer, weder über Instagram noch Facebook oder TikTok: Ich gehe auf keine Drehanfragen ein. Das wird leider gar nichts. Ich habe bisher nur mit Männern gedreht, die ich im Real Life kennengelernt habe. Und wenn ich einen festen Partner habe, dann drehe ich auch ausschließlich nur mit ihm.

In der Pornoindustrie ist Monogamie sicherlich eher eine Ausnahme, aber als Amateur-Darstellerin kann ich es für mich so halten. Vielleicht bin ich auch so, weil ich als Heranwachsende so geprägt wurde. Denn das Thema Sex war bei uns zu Hause in der schleswig-holsteinischen Provinz so gar keines, eigentlich war es tabu. Und so träumte ich mich als Teenager ungeküsst und unauffällig durch mein Leben. Der Busen wollte auch nicht so richtig groß werden, was wiederum zu meiner Kumpeltyp-Erscheinung passte.

Irgendwann, ich war gerade 17 Jahre alt geworden, schleppte mich meine Klassenkameradin Marleen auf eine Hausparty. Die Eltern der Gastgeberin waren, wie in so einem US-Teenie-Film, nicht zu Hause und dann hatten sie auch noch ein recht feudales Haus. Auf der Party legte sogar ein DJ auf und es floss jede Menge Alkohol. Und das war sie dann: tatsächlich die Nacht, in der ich endlich meine Jungfräulichkeit verlieren sollte.

Die Outfit-Frage stellte sich mir ja nicht, denn ich hatte schlichtweg nur eins. Mit Jeans und einem Shirt, das an mir formlos herunterhing, klammerte ich mich an mein Glas und genoss es einfach, dabei zu sein. Es war alles so riesig dort und meine damalige Freundin und ich hatten noch nicht den passenden Moment gefunden, die Tanzfläche zu entern. Deswegen entschieden wir uns, so, wie es Frauen eigentlich immer machen, gemeinsam zur Toilette zu gehen.

Und da stand er vor mir. Oder besser gesagt wollte er gerade die Treppe hochgehen. Till war kein Schönling, eher so ein verwegener Typ mit markanten Gesichtszügen und einem durchbohrenden Blick. An seinem Look passte einfach alles. Der Alkohol hatte mir ein wenig Mut verliehen und wir fingen an zu flirten. Mir war nicht ganz klar, dass es so zur Sache gehen sollte, aber ich hätte es ahnen können. Till nahm meine Hand, ich warf Marleen ein Küsschen zu und ließ mich mitziehen. Ich dachte, er will mit mir tanzen gehen. Stattdessen suchte er im Obergeschoss nach Räumen, bei denen sich die Tür verschließen ließ. Dann gingen wir, glaube ich, wirklich in das elterliche Schlafzimmer meiner ehemaligen Klassenkameradin und Till schloss hinter uns wortlos ab. Er zog mich an sich und fing an, mich zu küssen. Am Hals entlang zu den Ohren und dann ziemlich feucht auf den Mund. Seine Zunge schob er dabei ganz schön fordernd in meinen Mund. Ich hatte damals noch nicht so viel Zungenkuss-Erfahrungen, weshalb ich mit leichten Zungenschlägen sein wildes Treiben erwiderte. Irgendwie wusste ich noch nicht, wohin das führen sollte. Ich hatte noch nie einen Schwanz in der Hand, einen Schwanz geblasen oder in mir stecken. Ich wusste, dass man all diese Dinge machen kann. Aber was nützt es, wenn man es noch nie ausprobieren konnte. Meine Unsicherheit machte mich wahrscheinlich auch ein bisschen wie scheintot.

Till roch wahnsinnig gut und war so gepflegt, weshalb ich auch nicht abbrechen wollte. Er zog mir mein T-Shirt aus, darunter trug ich einen Sport-BH. Klar, was sonst. Erstens hatte ich nichts anderes im Schrank und zweitens wusste ich ja nicht, dass mir ausgerechnet heute jemand an die Wäsche wollte. Dann quetschte er mit seinem Daumen und Zeigefinger meine harten Brustwarzen zusammen und begann, daran zu lecken. Auch Premiere für mich! War das geil, dort eine Zunge zu spüren, es kribbelte im ganzen Körper und ich spürte, wie ich feucht wurde. Mein Problem war nur, dass ich einen ausgeleierten Tanga trug und befürchtete, Till damit endgültig in die Flucht zu schlagen. Aber ihn störte scheinbar nichts. Immerhin hatte ich mich am Vorabend rasiert. Ein Glück. Tief atmend zog er mir die Hose runter, dann den ollen Slip und steckte mir im Stehen unvermittelt zwei Finger in meine Pussy. Ich konnte das nicht genießen und hatte auch keinen Vergleich, aber alles ging ganz schnell und dann wurde Till richtig hastig. Er fummelte aus seiner Jeans ein Gummi, zog es sich gekonnt über seinen mittelgroßen Penis und legte mich rücklings aufs Bett. Dann steckte er seinen Schwanz mit der Hand in mich hinein und stieß zu.

Der erste Stoß tat richtig doll weh, ich verkniff es mir zu jammern und brachte ein kleines Stöhnen hervor. Dann legte Till los, als wäre es seine Sporteinheit. Die Betonung liegt auf *seiner*! Denn er nahm mich in dieser Stellung durch, ohne einen Moment darauf zu achten, ob es mir gefiel. Ich hatte keine Uhr um, aber länger als drei Minuten ging sein Gerammel nicht. So schön wie es anfing, so schlecht endete es. Nach der Nummer im Schlafzimmer zog er sich schnell an, schmiss das Gummi in den Papierkorb und tat so, als wäre die letzten fünfzehn Minuten nichts passiert. Ich meine mich zu erinnern, dass wir das Zimmer getrennt verließen. Ich kann euch jetzt leider keine Bettlaken-Stories mit Blutflecken liefern, weil das alles so schnell ging. Aber Mädels, die viel Sport machen, können durchaus kein Jungfernhäutchen mehr haben. Das nur mal fürs Macho-Protokoll. Till jedenfalls war wohl ein Fuckboy. Nach der Nummer hat er mich nie wieder beachtet. Wenn er heute wüsste, was ich mache, vielleicht wäre er stolz. Wer weiß.

Das war er also, dieser Sex. Manche Dinge fühlten sich dabei ja ganz gut an. Aber um an Sex Gefallen zu finden und zu wissen, was ich mochte und was Männern gefiel, davon war ich meilenweit entfernt. Ich brauchte Erfahrungen, ich brauchte einen Meister, der mir Dinge beibrachte.

So sollte es sein. Während meiner Ausbildung zur Krankenschwester gingen wir oft in eine Großraumdisco in der Nähe von Elmshorn. Ich war inzwischen 18 Jahre alt und lernte an einem dieser Discoabende Gevin kennen. Er war ein paar Jahre älter als ich und irgendwann trafen wir uns dann bei ihm zu Hause. Er wohnte in einer 1-Raum-Wohnung im Erdgeschoss einer Kfz-Werkstatt. Wir wurden schnell ein Paar und mit Gevin sammelte ich meine ersten sexuellen Erfahrungen. Er war ein Typ, der bei Frauen landete und viele anzog wie ein Magnet. Sportlich, mit beiden Beinen im Leben, einem fahrbaren Untersatz. Das waren alles Dinge, mit denen man bei Frauen extrem punkten konnte.

Gevin lebte und arbeitete in dieser Kfz-Werkstatt. Hände, die arbeiten, und ein Typ, der anpackte. Das war schon Testosteron pur. Zu dieser Zeit hatte ich auch meine ersten Berührungspunkte mit dem Thema Porno.

Denn Gevin war pornosüchtig. Und alles, was er in diesen Pornos sah, das wollte er dann auch unbedingt mit mir machen. Gesagt, getan. So kam ich bereits in recht jungen Jahren zu meinem ersten Analsex. Da er aber bereits auf dem Gebiet viel Erfahrung hatte, war er vorsichtig und half mir dabei, dass sich auch die ersten Male für mich gut anfühlten.

Gevin war süchtig nach Sex und ich fing an, Sex zu lieben. Ich habe wahnsinnig viel von ihm gelernt. Auch meinen ersten Orgasmus erlebte ich mit ihm, während er mich klitoral mit den Fingern stimulierte. Wann immer wir uns trafen, trieben wir es. Irgendwann fand ich mal unter seinem Bett eine Kiste mit Sextoys. Liebeskugeln und Analplugs waren darin, so etwas kannte ich natürlich bis dahin noch nicht. Als ich da war, wollte ich ihn nicht direkt ansprechen. Weshalb ich ihm dann eine SMS schrieb und nach meinem Fund unter seinem Bett fragte. Er freute sich, dass ich den Kram gefunden hatte. Und schrieb mir zurück, dass er es sofort, wenn ich Feierabend habe, mit mir ausprobieren will.

Und da steckte dann am Abend der erste Analplug meines Lebens in meinem Po. Gevin wurde immer mutiger und ich experimentierfreudiger. Eines Abends tranken wir zusammen Sekt, und als die Flasche leer war, da steckte er mir den Flaschenhals in den Arsch. Das fand ich dann schon etwas krass, aber als ich die Geilheit in seinen Augen sah, habe ich einfach mitgemacht.

Und auch hier bestätigte sich, was ich vor der Cam oder durch das Feedback meiner Pornofilme festgestellt habe. Viele Männer brauchen immer eine Steigerung. Heute ist es der Finger, morgen der Analplug, und dann muss etwas Krasseres her. Eine Sektflasche, ein Riesendildo, Hauptsache mehr. Das macht das Pornobusiness unter uns Darstellerinnen ja auch zum harten Wettbewerb, in dem man auf bestehende Praktiken und Fetische immer noch einen draufsetzt. Oder etwas bringt, was noch keine zuvor gemacht hat.

Jedenfalls hielt das mit Gevin und mir etwas länger als ein Jahr. In dem wir bestimmt bei jedem Treffen Sex hatten. Unsere Wege trennten sich, als ich rausbekam, dass er mich betrog. Ich fühlte mich zu jung, um schon so beschissen zu werden. Und ich war mir sicher, dass da draußen noch ein paar andere spannende Männer auf mich warten würden. Denn zumindest war ich jetzt, was das Sexuelle betraf, um zahlreiche Erfahrungen reicher. Und ich wusste, was mir gefällt und Männer heiß macht.

USER ULF: DER MANN MIT DEM ZAUBERTRUNK

Wer Empfänger für Sehnsüchte ist, der muss nicht nur ein offenes Ohr haben, nein, der- oder diejenige braucht auch unbedingt schauspielerisches Talent. Ich bin mir ziemlich sicher, dass mir eine Vielzahl von Sexworkerinnen darin recht geben. Denn: Wenn wir die Lüste anderer mit ausleben sollen, ob jetzt virtuell oder aber körperlich, da muss man schon eine Portion Schauspiel mit einbringen. Umso spezieller, absurder oder perverser diese Fantasien und Wünsche dann sind, desto weiter weg sind sie von einem selbst aller Wahrscheinlichkeit nach.

Ich würde mich als sexuell sehr offen beschreiben. Wer meine Pornofilme kennt, weiß, dass ich experimentierfreudig bin. Alles, was Spaß macht, keine Schmerzen verursacht und am Ende beide zum Höhepunkt kommen lässt – da bin ich dabei. Ich bin privat auch gern devot. Aber, und jetzt kommt vielleicht für einige da draußen die große Ernüchterung: Ich habe keinen wirklichen Fetisch!

Das sieht bei vielen meiner User natürlich anders aus. So wie bei Ulf. Den werde ich wohl nie vergessen. Als Ulf sich das erste Mal bei mir in der Cam einloggte, kam er ganz harmlos und relativ charmant in den Chat. Ein bisschen so wie ein Typ, der sich Samstagmittag im Café einen Cappuccino bestellt und freundlich fragt, ob es heute wieder den leckeren hausgemachten Kuchen gibt, weil die Schwiegermutter auch noch gleich dazukommt. Einfach stinknormal eben.

Jetzt trennen wir »stink« von »normal« einmal ab und haben den ersten Teil seines Fetischs extrahiert. Und dann packen wir noch eine Socke dazu. Jap, genau. Ihr habt es. Ulf stand wie ein Besessener auf Stinkesocken. Aber der Reihe nach.

Ulf erschien mir im Chat als ein sehr zurückgenommener, dabei aber interessierter Mensch. Er fragte, was ich beruflich gelernt habe und was für Schuhe ich bei der Ausübung meines Krankenschwestern-Jobs tragen würde. Ihr müsst wissen, wer einen Fetisch hat, der rückt recht schnell damit raus. Ich frage auch gern schnell dann zur Sache, worauf der Mann steht oder welcher sein Fetisch ist. Bei Ulf war das ein wenig verkappt, weil er zunächst vorsichtig nach meinen Socken fragte und auch nur die sehen wollte. Demnach gar nicht unbedingt mich in der Kombination dazu. Dann fragte er immer öfter nach, ob meine Socken auch wirklich stinken. Na klar wusste ich, dass er hören wollte, dass die auch wirklich bestialisch stinken.

Als wir uns dann Session für Session damit durchgearbeitet haben, dass die Socken, die ich auf der Arbeit trage, auch wirklich stinken, fingen seine Fantasien an. Er bat mich fortan, wenn er in die Cam kommt, dass ich mich als Krankenschwester verkleiden sollte. Da ich den Job der Krankenschwester ja zu dem Zeitpunkt längst hinter mir gelassen hatte, und mich auch grundsätzlich nicht als Krankenschwester verkleiden möchte, musste ich mir etwas einfallen lassen. Also zog ich ein weißes, knappes T-Shirt und eine enge weiße Jeans an. So wirkte ich für ihn zumindest wie jemand, der in einem medizinischen Beruf arbeitet.

Eine Sache war Ulf dabei aber ganz wichtig: Die Socken mussten pechschwarz sein und dazu sollten es schwarze High Heels sein. Und meine Füße sollten in seiner Fantasie natürlich stinken! Dabei stellte er sich vor, dass ich im Schwesternzimmer des Krankenhauses sitze und allen Kolleginnen dort meine stinkigen Füße übel auffallen. In epischer Ausführlichkeit sollte ich ihm dann erzählen, wie ich mich dabei fühle, dass meine Füße so dermaßen stinken. Also wir gingen seine fantasierte Situation immer wieder durch. Es erregte ihn so sehr, zum einen, dass meine Füße in den Socken so übelst rochen, und zum anderen, dass Kolleginnen den Raum meinetwegen verließen. Es war echt weird. Auch die nonverbale Variante dazu gab es. Die sah dann so aus, dass ich so lange mit den Füßen wippen sollte, bis der Schuh von allein herunterfiel. Wippt mal eine Stunde mit dem Fuß! Diese Sessions mit Ulf waren mit Abstand die, die am meisten zehrten.

Die Rolle, dich ich spielen musste, die Geschichten, die ich mir immerzu neu ausdenken musste, und weil es so wahnsinnig lange ging. Denn seinen Höhepunkt, den erreichte Ulf immer nur, wenn wir gemeinsam zu einer Erkenntnis kamen: Ich hatte die Stinkesocken-Krankheit und er hatte sie gleich mit. Dagegen gab es nur ein aus seiner Sicht patentiertes Heilmittel. Das Stinkesocken-Elixier, was ich kredenzen konnte, indem ich meine Socken kochte und daraus dann der Stinkesocken-Tee entstand. Nein, so etwas kann man, kann *ich* mir gar nicht ausdenken. Falls ihr das jetzt denken solltet. Das habe ich genau so wirklich erlebt, immer wieder aufs Neue.

Jede Cam-Session mit Ulf dauerte seine zwei Stunden. Ich verdiente in dieser Zeit wirklich gutes Geld, aber es war auch hart verdientes Geld. Ulf kam zu dem Entschluss, dass mein Stinkesocken-Tee, den ich ja dann immer live in der Cam aufbrühen musste, uns beide heilen könnte. Und nur das, sonst nichts. Da er oft in der Cam war und das auch noch ziemlich lange, brauchte Ulf echt viele Dirty Coins. Ihr erinnert euch, das war die Währung auf meinem Pornoportal, auf dem ich meine Dienste anbot. Da Ulf sehr viel Geld bei mir ließ, rannte er schon so manches Mal zur Tankstelle und kaufte sich dort sogenannte Paycards, um seiner Lust dann weiter zu frönen. Wobei es ja eigentlich mehr eine Last als eine Lust war. Das kann man schon so sagen.

Sein Fetisch war weit weg von dem Typ Mann, der einfach nur auf Füße steht. Ihr könnt euch das vielleicht nicht vorstellen, aber der Großteil der Männer steht total auf Füße. Manche stehen auf Zehen, andere mögen nur die Sohle und wieder andere nur den Fußrücken. Die Vorstellung, daran lecken zu können oder aber einen Footjob zu bekommen, empfinden viele Männer als das Nonplusultra.

Also, ihr wisst, was ein Handjob ist? Man besorgt es ihm mit der Hand und wichst seinen Penis bis zum Höhepunkt. Und so einen Handjob gibt es eben auch mit den Füßen. Genannt Footjob. Das ist ein bisschen Akrobatik, ich finde es auch nicht wirklich scharf, aber es funktioniert.

Aber all das war es ja bei Ulf eben nicht! Er wollte nur den Stinkesocken-Tee, damit er von der Stinkesocken-Krankheit geheilt wird. Und genau das sind natürlich die Momente, die mich in meine Zeit in der Psychiatrie gedanklich zurückkatapultiert haben. Meiner Erfahrung nach sind solche Fantasien schwere Nachbeben aus der frühen Kindheit oder Jugend, in der man gehänselt oder aber schlimm gemobbt wurde. Durchaus auch in der Familie, vielleicht sogar von Mutter und Vater.

Also diese Art von Zwängen und Selbstbestrafung können meiner Erfahrung nach genau durch so etwas im erwachsenen Alter wieder aufkeimen. Bestrafungen aus der Kindheit und Jugend, Hänseleien oder übertriebener Kontrollzwang der Eltern. Das alles ist leider nicht selten Nährboden von sexualisiertem Verhalten. So tragisch das jetzt nach hinten raus klingt, so komisch ist es natürlich auch für mich gewesen, Tee aus meinen Socken zu kochen! Das darf man bei all der Tragik nicht vergessen. Ulf kommt übrigens immer noch zu mir in die Cam, nicht mehr ganz so oft, aber einmal im Monat ist er da. Und er weiß, dass er mit mir über alles reden kann. Auch wenn seine Gedanken alles andere als stinknormal sind.

Nachhilfe vom Pornostar: Was ist ein Fetisch?

Ich möchte euch mit meinem kleinen Ratgeber hier ein bisschen etwas fürs eigene Bett, für Outdoor oder wo auch immer ihr es gern miteinander oder solo macht, mitgeben. Deswegen werdet ihr hier in diesem Buch immer wieder ein paar heiße Tipps von mir zu lesen bekommen. Was ist ein Cumshot und warum gibt es einen Creampie nicht beim Bäcker? Dinge, die man nur im Geheimen googeln würde, denen will ich hier auf den Grund gehen. Habt Spaß dabei!

* * *

Vielleicht mal zum Auflockern, gerade für diejenigen unter uns, die von sich behaupten, sie seien ganz normal und sind das auch gern. Ein Fetisch ist ja zunächst einmal nichts anderes als eine Vorliebe. Eine ziemlich krasse Vorliebe natürlich. Jetzt muss man unterscheiden, wie ausgeprägt ein Fetisch ist und über welchen wir eigentlich sprechen. Bevor ich angefangen habe, mich an dieses Buch zu setzen, da war mir klar. Es gibt keinen Fetisch, den es irgendwie nicht gibt. Dabei bleibe ich auch. Denn es tauchen auch heute bei mir fast wöchentlich Fetische auf, bei denen ich denke: »Huch, den kannte ich doch noch gar nicht.«

* * *

Fangen wir mal mit den Basics an. Man kann einen Fetisch für ein Körperteil, einen Stoff, einen Gegenstand, eine Ausscheidung oder ein Sekret haben. Und bei einigen dieser Aufzählungen fühlen sich manche nahe, empfinden Lust, Sehnsucht oder richtige Befriedigung. Nicht wenige Menschen haben versteckte Fetische, die sich dann irgendwann entpuppen. Immer mal wieder in der Fantasie auftauchen, und wenn es ein ausgeprägter Fetisch ist, dann geht Lust auch nur noch in Verbindung damit.

Ziemlich bekannt ist der Fußfetisch, über den wir hier ja auch schon lesen konnten. Es gibt nicht wenige Männer, die Fußsohlen extrem geil machen. Und mit diesen bekommen sie es dann auch gern besorgt, der Footjob. Aber auch da gibt es große Unterschiede! Es muss dann nicht die samtweiche Fußsohle sein, sondern einige mögen auch Hornhaut. Ich hatte mal einen User, der hat sich gewünscht, dass ich die Hornhaut vor seinen Augen, also vor der Cam, so nah wie möglich abrasple. Da ich aber natürlich bemüht bin, keine Hornhaut zu haben, konnte ich ihm diesen Wunsch, seinen Fetisch, nicht bedienen. Aber ich bin ja kreativ: Also ging ich kurz offline und kaufte nebenan im Supermarkt Kokosraspeln. Die kamen mir jetzt der Anmutung und Haptik von Hornhaut sehr ähnlich vor. Und so raspelte es dann vor der Cam Kokosraspeln alias Hornhautschuppen. Mmh – und er spritzte ab. Aber auch nur, wenn ich die am Start hatte.

* * *

Dann gibt es diejenigen, bei denen der Fuß gar nicht so wichtig ist, sondern die Socke, in dem der Fuß steckt. Dann gibt es welche, die mögen Zehen, andere wiederum nur den großen Onkel. Lackiert, unlackiert. Also, ihr seht: Ich könnte das unendlich weit spielen, das Feld rund um den Fuß.

* * *

Bei vielen entwickeln sich Fetische über die Lebensjahre peu á peu. Das hat dann auch mit einem neuen Partner zu tun oder aber mit einem Partner oder eine Partnerin, mit der oder dem Sex keinen Spaß mehr bringt. Da fällt mir ein User ein, der empfand den Sex mit seiner Freundin als zu langweilig. Tollerweise hat er das offen mit seiner Freundin kommuniziert und dann entschieden sich die beiden für einen Dreier. Und jetzt passt mal auf: Der dritte im Bunde des Dreiers war ein Typ, also zwei Männer trieben es mit einer Frau. Mein User, der Sven, fand das aber so geil, dass der Typ ihn auch beim Sex dominiert hat, dass er anfing, während des Dreiers mit dem Typen richtig doll rumzumachen. Eigentlich war Sven eigenen Angaben zufolge nicht homosexuell. Aber im Rahmen des Dreiers machte es ihn extrem an, einen Mann zu spüren. So sehr, dass er sich dann Monate später zum Schwänze-Lutschen auf Parkplätzen getroffen hat. Seine Freundin wusste darüber aber immer Bescheid. Das ist jetzt natürlich ein sehr krasses Beispiel, was auch eine Ausnahme zeigt. Und damit wäre mit Sicherheit auch nicht jede Frau einverstanden! Was dieses recht heftige Beispiel aber beschreibt, ist, dass man durch Ausprobieren herausfinden kann, ob man eine Neigung, eine Vorliebe, ja sogar einen richtigen Fetisch hat. Das kann für einen selbst und die Beziehung ja auch ein echter Zugewinn sein. Hauptsache ist: Ihr redet darüber und sprecht all diese Dinge offen an.

Einander verstehen, nicht voreinander verstecken lautet die Devise.

* * *

Typisch für Fetische sind auch Materialien wie Lack, Leder und Latex. Das kann sich durchaus langsam entwickeln und irgendwann merkt man bei Berührungen »Oh, bei mir kribbelt es«. Dann macht dich das Stückchen Stoff an. Und mit dieser Vorliebe ist man nicht allein, da stehen wirklich viele drauf. Es gibt auch Vorlieben für Stoffe wie Wolle, Samt, Noppen und Teddy-Fell-Kleidung. Letzteres ist so ein Plüsch-Kram, den es als kuschelige Jäckchen gibt. Das hatte ich auch schon alles in der Cam. Und das ist auch nichts Ungewöhnliches, aber wenn einem der Partner oder die Partnerin aus dem Nichts sagt: »Zieh mal deinen fettesten Wollpulli an, den du hast, da bekomme ich einen Harten« – dann kann man sich überrumpelt fühlen. Daher: Macht es ganz behutsam und eher fragend als fordernd. Ihr werdet sehen, das klappt.

* * *

Gerüche an seinem Gegenüber können auch eine Vorliebe auslösen, genauso wie Essen und Trinken. Das kann man aber auch, solange es im Rahmen ist, ganz subtil in das Sexspiel einbauen. Ihr wisst schon, die Erdbeere, an der man gemeinsam knabbert, oder den Sekt, den man beim Zungenkuss in den anderen

Mund rüberschiebt. Das ist auch ein softer Einstieg. Ich hatte mal einen User, der fand extreme Erregung im Auslöffeln eines Nutella-Glases. Das fand ich jetzt nicht so sexy wie Himbeeren mit Sahne, aber wenn es beiden Spaß macht, dann geht auch der Nutella-verschmierte Mund. Why not?

* * *

Dann haben wir natürlich noch die Fraktion, die deutlich härter drauf ist. Die Rede ist hier von Ausscheidungen wie Natursekt: also Urin, Erbrochenes, Blut, Kaviar (also Kot) und Sputum. Letzteres ist ein schleimiger Auswurf, kurzum Abgehustetes. Puh, ja, das ist krass – keine Frage. Das sind jetzt Fetische, die ich oft in der Cam erlebe, und mit denen ich auch insbesondere durch meinen Job als ehemalige Krankenschwester recht gut umgehen kann. Aber: Das ist nichts für schwache Nerven und natürlich, wenn man so will, auch unhygienisch. Das muss man einfach so sagen. Wichtig ist es mir, hier in diesem Crashkurs kurz eine Wegbeschreibung zu hinterlassen. Probiert euch aus! Turnt euch ein Stoff, ein Körperteil, Analsex oder ein Dreier an, dann tastet euch langsam heran und redet darüber. Aber bitte macht nichts, was wehtut oder krank macht. Das darf ich euch als Krankenschwester ja auch mit auf den Weg geben, da komme ich nicht aus meiner Haut.

* * *

Der Wendepunkt

MEIN BRUDER WIRD KRANK

Für manche Menschen beginnt der Ernst des Lebens früh, andere müssen sich vielleicht bis zum dreißigsten Lebensjahr kaum um irgendetwas sorgen. Der liebe Gott hatte aber für mich und alle, die ich liebe, scheinbar einen anderen Plan. Die Leichtfüßigkeit meiner Teenagerjahre sollte sich in meinem Leben schlagartig ändern – an einem sonnigen Tag auf dem Bolzplatz ...

Ich spielte mit meinen älteren Brüdern Lasse und Tom regelmäßig einmal in der Woche zusammen Fußball. Eigentlich spielte ich bei den »Wilden Hilden«, aber in reinen Mädelsgruppen ging es oft ganz schön zickig zu, weshalb ich gern mit meinen Brüdern kickte. Lasse war zwei Jahre älter als ich und gerade 19 Jahre alt geworden. Er bedeutete alles für mich. Mein großer Bruder, zu dem ich aufsah. Er war derjenige, der mich in Discotheken beschützte und immer für mich da war.

Lasse war ein athletischer Typ, dem sein Aussehen wichtig war. Gefühlt hat er sein ganzes Lehrlingsgehalt für Parfums ausgegeben und blockierte auch gern mal das Bad, weil er für seine perfekt sitzende Frisur richtig viel Zeit brauchte. Mehr als ich und meine beiden Schwestern. Ich beschreibe Lasse hier so genau, auch mit all seinen sympathischen Macken, weil ein knappes Jahr später nichts von dem Beschriebenen hier mehr eine Rolle spielte. Kein Parfum, kein perfekt trainierter Körper, keine Haartolle – nichts davon hatte mehr einen Wert. Wirklich alles erscheint einem bedeutungslos, wenn es plötzlich darum geht, ob man den morgigen Tag noch erleben wird.

Es war an einem Sonntagnachmittag. Lasse hatte ein Fußballspiel, bei dem ich zusah. Der Kickerplatz war an diesen Spieltagen immer gut besucht. Man trank, tratschte und natürlich konnte man seinen Verein anfeuern. Der Eintritt war umsonst, wofür sollte man hier auch zahlen. Der Verein hatte kaum Geld. Deswegen wurde natürlich auch am Kickerplatz gespart. Von Kunstrasen konnten wir und unsere Knie nur träumen und auf dem Grandplatz musste man die Linien schon erraten. Die Netze waren kaputt und hingen wie ein alter Flickenteppich im Tor. Wenn ich bei Lasses Spielen zusah, war ich immer zum Anpfiff da. Am Spielfeldrand sah ich immer ein paar mir bekannte Gesichter. Die meisten kannte ich aus dem Landgasthof meiner Mutter. Schumi, der Taxifahrer, der das halbe Dorf durch die Gegend kutschierte, war auch wieder da. Ich winkte ihm zu, er nickte mit seinem rotbäckigen Gesicht zurück. Alles war wie immer, aber alles kann sich in nur einem Augenblick verändern.

Zum Ende der ersten Halbzeit geschah es. Lasse wollte einen Kopfball machen, doch dabei erwischte er das Knie eines Mitspielers. Dann fiel er mit dem Gesicht zu Boden. Alle am Spielfeldrand raunten laut auf, weil sofort klar war, dass Lasse sich bei dem Zusammenstoß sicher sehr wehgetan hatte. Als ich genauer hinsah, bemerkte ich, dass Lasse krampfte. Ich rannte einfach auf den Platz, aber Tom, mein anderer großer Bruder, bedeutete mir, dass ich gehen solle. »Fahr! Los … fahr schnell zu Mama. Sag ihr Bescheid!«

Lasse war inzwischen von zahlreichen Mannschaftskollegen und anderen Menschen, die helfen wollten, umgeben. Unendliche acht Minuten lag mein geliebter Bruder bewusstlos auf dem Ascheplatz. Ich war in einer Schockstarre gefangen und jede Faser meines Körpers schrie Angst. Aber ich brachte kein Wort heraus und verfolgte tatenlos, was dort vor meinen Augen für ein Film ablief.

Als der Rettungswagen kam und Lasse mitnahm, setzte ich mich auf mein Fahrrad und fuhr so schnell ich konnte zu meiner Mutter in den Landgasthof. Meine Erinnerungen reißen dort in Teilen ab. Ich glaube, dass der menschliche Organismus in Extremsituationen so programmiert ist, alles zu filtern, um nur noch zu funktionieren. Ich erinnere mich erst wieder, als wir dann im nächstgrößeren Krankenhaus meinen Bruder in der Notaufnahme wiedergesehen haben. Die Ärzte veranlassten sofort ein MRT von Lasses Kopf. Der Befund war niederschmetternd: Lasse hatte einen walnussgroßen Tumor im Gehirn. Der diensthabende Arzt erklärte uns alles sehr behutsam und nur langsam sickerte die grausame Information in mein Bewusstsein: Lasse hatte Krebs.

Ich verlor für einen Moment den Boden unter den Füßen. Es dröhnte in meinen Ohren, mir wurde heiß und kalt, meine Augenlider flackerten. Unsere, meine Welt stand für einen Moment still. Ich wusste genau, was das heißt. Lasses Leben stand auf dem Spiel – und meines sollte fortan zwischen Ohnmacht und Trauer pendeln. Ich war 17 Jahre alt und hatte mir zu dem Zeitpunkt über den Tod und Krankheiten noch wenig bis gar keine Gedanken gemacht. Warum auch, das Leben fing doch gerade erst an. Oder nicht?

Lasse durfte zwei Tagen nach dem Zusammenbruch auf dem Bolzplatz das Krankenhaus verlassen. Die Ärzte planten zügig seine OP, bei der sein Tumor im Kopf entfernt werden sollte. Mein Bruder wurde für unbestimmte Zeit krankgeschrieben, und es war klar, dass nach der OP mehrere Chemo- und Strahlentherapien folgen würden. Weshalb mein Bruder gefragt wurde, ob er Samenzellen einfrieren lassen möchte. Was er dann bejahte und vornehmen ließ. Denn er wollte später, wenn er wieder gesund wäre, Kinder haben.

Ich war mir sicher, dass das auch genau so passieren würde. Mein großer Bruder würde genesen, jetzt wird ihm geholfen. Alles wird gut. Lasse wurde in einem Universitätsklinikum operiert. Operationen am Gehirn müssen aus neurologischen Gründen manchmal unter Lokalanästhesie gemacht werden. Das bedeutet, dass man nicht ganz in Narkose liegt, sondern nur gewisse Körperteile betäubt sind. So war es auch in dem Fall von Lasse und seinem Tumor. Sie mussten den Tumor aus seinem Gehirn entfernen, dabei mussten sie aber auch die neurologischen Reaktionen beobachten.

Es sind Stunden vergangen, die wir auf dem Krankenhausflur verbrachten. Man vergisst in so einer Lebenssituation alles. Essen, Trinken, Reden, Zuhören, Denken. Das eigene Leben. Der furchtbare Film endete einfach nicht. Dann kam die Hiobsbotschaft der Ärzte: Während der OP hatte mein Bruder gekrampft, sodass sie den Tumor nicht ganz hatten entfernen können. Sonst hätten sie eine Halbseitenlähmung bei Lasse riskiert. Der Plan war jetzt, den restlichen Tumor mit der Chemotherapie und der Bestrahlung einzukapseln.

Die Spuren der Krankheit und der Behandlung waren schnell sichtbar. Lasse verlor seine Haare und hatte fast über Nacht eine Glatze. Durch das Kortison, das er nehmen musste, war sein Gesicht aufgedunsen. Und er übergab sich ständig zu Hause. Wir Geschwister lebten mit ihm oben im Haus, meine Mutter hatte unten ihren Bereich. Aber sie stand ja fast Tag und Nacht im Landgasthof, sodass wir uns um Lasse gekümmert haben. Zu den regelmäßigen Bestrahlungs-Terminen fuhr ihn Taxifahrer Schumi. Auf den war Verlass, er fuhr und fragte nicht. Vielleicht wusste Schumi auch nicht, was er fragen sollte. »Hey, wie gehts dir?« oder »Hattest du ein schönes

Wochenende?«. Ist schon schwierig, mit dem Schicksal anderer adäquat umzugehen. Schumi kannte uns ja eigentlich nur feiernd und war unsere sichere Bank, wenn es darum ging, heil und gesund nach der Disco nach Hause zu kommen. Aber von gesund war Lasse unendlich weit weg.

Es folgten noch zwei weitere Operationen, weil Lasse immer wieder unter Krampfanfällen litt. Sie suchten ihn immer wieder heim. Die Ärzte gaben uns als Familie aber in dieser Zeit noch das Gefühl, dass es nicht so schlimm sei und es therapierbar sei. Eigentlich hätten wir nach rund einem Jahr schon etwas mehr Wahrheit gebrauchen können. Lasses Verlauf war extrem.

Mit gerade mal zwanzig Jahren war Lasse Frührentner und bekam einen Behindertenausweis. Nach jeder Chemo hat er aber wieder Gas gegeben und gekämpft. Ging joggen, stemmte Gewichte und fuhr wieder ins Stadion zum HSV. Wir hatten Hoffnung und die Ärzte machten uns auch Hoffnung. Im ersten Jahr seiner Erkrankung fasste ich den Entschluss, Krankenschwester werden zu wollen. Denn dieses Gefühl, nichts tun zu können, das Gefühl der ständigen Ohnmacht, dem wollte ich mich irgendwie entgegenstellen. Ich begann also eine Ausbildung zur Krankenschwester. Es half mir, vieles, was die Ärzte sagten, besser zu verstehen. Und genau wegen dieser Entscheidung, diesen Weg in meinem Leben einzuschlagen, genau deswegen schildere ich dieses dunkle Kapitel aus meinem Leben. Man hat immer die Wahl – selbst aus der ausweglosesten Situation einen Weg zu finden, der einem hilft, Dinge zumindest auszuhalten.

ICH BIN BEI DIR, BIS DU GEHST

Lasse wollte leben. Und zwar möglichst normal und ohne familiäre Entourage, die sich um ihn kümmerte. Für mich und meine drei Geschwister war es selbstverständlich, ihn zu umsorgen. Aber mein großer Bruder war inzwischen fast 22 Jahre alt und wollte ausziehen. Meine Mutter war natürlich dagegen. Denn so lebte sie in ständiger Angst, dass, wenn etwas passiert, wir es nicht mitbekämen. Aber mein großer Bruder setzte sich durch. Er verließ unser Zuhause für eine eigene kleine Wohnung. Unter einer Bedingung: Zum Essen sollte er immer zu unserer Oma kommen. Er tat meiner Mutter dann den Gefallen.

Als ich bereits zweieinhalb Jahre in der Ausbildung war, verschlechterte sich Lasses Zustand. An einem Nachmittag bei uns im Garten wollte Lasse meiner Mutter beim Holzhacken helfen. Er wollte sich gebraucht fühlen und tat alles, um sich seine Krankheit nicht anmerken zu lassen. Doch dann geschah es: Lasse kippte um und hatte eine Halbseitenlähmung. Es ging wie immer bei solchen Erinnerungen ganz schnell. Blaulicht, Krankenhaus, Diagnose und die große Angst wie es weitergeht. Meine letzten zweieinhalb Lebensjahre bestanden aus ständiger Verlustangst und Hoffnung. Der

Glaube an das Gute verblasst genau in solchen Momenten.

Einzig mein Job hielt mich kräftemäßig über Wasser. Einmal sollten wir im Unterricht einen anonymen Brief schreiben, welche Themen uns in der Krankenpflege am meisten belasten. Da schrieb ich, dass die Angst davor, jemanden nicht heilen zu können, mich innerlich zerreißt. Ich hatte mich damals nie jemandem in der Krankenschwesternausbildung anvertraut, niemandem vom Schicksal meines Bruders erzählt. Weil ich einfach nicht wahrhaben wollte, was da gerade in meinem Leben passierte. Irgendwie hatte es sich durch den Flurfunk dann aber doch herumgesprochen. Mir war so, als würden mich alle Ausbilder immer wieder so bedauernd ansehen. Nachdem ich den anonymen Brief abgegeben hatte, kam meine Lehrkraft zu mir. Frau Nolte war eine kleine, wirbelige Frau. Mit ihrer sonoren Stimme hatte sie aber wieder etwas Beruhigendes. Sie sagte mir, dass sie von meinem kranken Bruder wusste und ich jederzeit zu ihr kommen könnte. Es half mir für den Moment.

Als wir nach Lasses Zusammenbruch beim Holzhacken im Krankenhaus standen und die weiterführende Diagnostik besprachen, kam Dr. Fleischer dazu. Jetzt war ich nicht als Auszubildende auf der Station, sondern als Angehörige. Der Arzt erkannte mich und zeigte uns die neuen MRT-Aufnahmen meines Bruders. Er erklärte, dass der Tumor mit dem Gehirn inzwischen verwachsen war. Es gab keine klaren Linien und keine Abgrenzung mehr, die erkennbar waren. Kurzum: Es war hoffnungslos. Dr. Fleischer nahm uns in einem separaten Raum beiseite und schloss die Tür hinter sich. Lasse lag währenddessen in einem Krankenzimmer.

Dann nahm Dr. Fleischer Platz und offenbarte uns, dass Lasse austherapiert sei. Man könne nichts mehr für ihn tun. Aus meinem Gefühl der Angst wurde Ohnmacht. Wurde Erschöpfung, wurde Leere. Ich wusste, Lasse wird sterben. Ich sah zu meiner Mutter, sie weinte lautlos. Wir waren allein und mussten diese Nachricht noch meinen Geschwistern überbringen. Dr. Fleischer sagte uns, dass mein Bruder für ein Kinderhospiz zu alt sei. Dann hat er uns ein anderes Hospiz in der Nähe empfohlen. Es lag im gleichen Krankenhaus, in dem mein Bruder auch geboren wurde. 22 Jahre zuvor.

Nach zweieinhalb Jahren wussten wir als Familie, dass wir den Kampf verloren hatten. Aber es ging nicht darum, uns selbst zu bedauern, sondern das Beste für meinen Bruder Lasse zu geben und ihm zu ermöglichen. Lasse baute körperlich enorm ab. Auch wenn er alles mit klarem Verstand mitbekam, konnte er allmählich nicht mehr laufen und nicht mehr reden. Auch einen Katheter bekam er gelegt, weil er nicht mehr urinieren konnte. Mein großer, starker Bruder war in meinen Augen aber immer noch so stark. Wenn man einmal von jemandem ein bestimmtes Bild im Kopf hat, dann kann auch kein Rollstuhl, kein Krankheitsbild das ändern. Tagelang suchten wir nach einem Hospizplatz für Lasse. Dann wurden wir fündig.

Der Krankentransport kam am Morgen. Es war ein schöner Sommertag, an dem Lasse mit Sicherheit am liebsten mit uns, seiner Familie, auf dem Bolzplatz oder im Freibad gewesen wäre. Die Mädels, die sich dann gern mal nach ihm umdrehten, und mich als kleine Schwester stolz machten. Dieser junge Mann wurde jetzt auf einer Trage in den Transporter geschoben, mit einer Endstation. Offensichtlich war es der Sanitäterin nicht bewusst, wo Lasse hinmusste. Denn einer von beiden fragte: »Wo geht's denn hin?« Die Krankenschwester erwiderte: »Der geht ins Hospiz. Der wird sterben.«

Es traf mich mitten ins Herz. Und das ließ ich die Krankenschwester auch sofort spüren. Ich konfrontierte sie damit, dass das sehr unempathisch sei und ob sie sich sicher sei, dass sie nicht den Beruf verfehlt hätte. Dann stieg ich grußlos in den Krankentransport zu meinem Bruder und schluckte Trauer und Wut runter, damit Lasse so wenig wie möglich mitbekam.

Lasse lebte zwei Wochen lang im Hospiz. Dann ging es ganz schnell. Ich hatte im Unterricht mein Handy immer stumm geschaltet, aber ein Auge darauf, falls sich jemand aus der Familie meldet. Dann ploppte eine Nachricht von meinem großen Bruder Tom auf: »Komm schnell, Lasse bekommt schon Sauerstoff.« Ich stand auf und ging sofort zu meiner Kursleitung, um ihr zu sagen, dass ich nicht wusste, wie lange mein Bruder noch durchhalten würde. Sie ließ mich natürlich sofort gehen. Ich rannte zu meinem Auto und fuhr los. Ich raste und weiß gar nicht, wie ich dort ankam. Ich war einfach da, stieg aus und sprintete ins Hospiz. Alle waren schon da, Tanten von mir und Freunde von Lasse. Er hatte bereits Schnappatmung. Lasse bekam schlecht Luft, weil sein Tumor im Gehirn bereits auf das Atemzentrum drückte. Um ihm die Atmung zu erleichtern und meinem Bruder die Angst zu nehmen, bekam er Sauerstoff und Morphin verabreicht. Keiner weiß, ob Sterben wehtut. Als sich alle verabschiedet hatten, legte ich mich zu ihm ins Bett. Ich habe für diese Zeit, die da verging, kein Gefühl. Vielleicht war es eine Stunde, vielleicht auch zwei. Dann schlief er in meinen Armen ein. Und ich flüsterte ihm zu, dass ich bei ihm bleibe, bis er geht, und das es okay ist, jetzt zu gehen.

Lasse hatte seine HSV-Hausschuhe an und seinen HSV-Schal um. Dann bin ich rausgegangen und sein Pfleger Moritz hat ihn schön gemacht. Er wusch ihn, kämmte ihm die Haare und hat noch einmal alles zurechtgelegt. Wir haben ihn in seinem HSV-Outfit auch begraben lassen. Das war sein Wunsch. Mit gerade einmal 19 Jahren musste ich einen geliebten Menschen in den Tod begleiten. Ich hätte zu dem Zeitpunkt nie gedacht, dass die Sonne mal wieder für mich scheinen würde. Und immer wenn ich heute Jahre später an seinem Grab stehe, dann denke ich an die letzten Minuten mit ihm. Das Grab ist für mich eine Tür zu dieser Erinnerung, zu diesen letzten Bildern in meinen Gedanken.

USER ERIC: AUGE UM AUGE, ZAHN UM ZAHN

Bei dem User Eric ging es um meine Zähne. Und das Abgefahrene daran war: Eric war auch noch Zahnarzt! Jetzt denkt ihr vielleicht, man kann mir ja viel erzählen, wenn der Tag lang ist. Aber ich habe mir ja während meiner Chats immer Notizen gemacht, das mache ich auch heute noch. Um wirklich jedem User das Gefühl von Aufmerksamkeit geben zu können. Manchmal ist es ein Ortsname, der genannt wird, oder manchmal rutscht dem User dann doch der Nachname raus. Und so ist es in Zeiten von Google nicht schwer, alles Weitere auch noch herauszufinden: die Praxis, ein Foto des Arztes und – Bingo. Gelegentlich sind es dann neben niedergelassenen Ärzten in Praxen auch Stations- oder Chefärzte. Ich habe es euch ja schon vor ein paar Seiten geschildert. Der gesellschaftliche Stand sagt überhaupt nichts darüber aus, ob jemand mit mir eine Stunde über die richtige Analdehnung chatten will oder nicht. Jeder hat sein kleines Geheimnis, auch ein Chefarzt! Oder wie in Erics Fall ein Zahnarzt. Also zurück zu unserem Dentisten.

Nach eigenen Angaben war der aparte Enddreißiger seit wenigen Jahren in einer Praxis-Gemeinschaft mit einem weiteren Zahnarzt und einer Zahnärztin – und die ist seine Ehefrau. Also beide haben schon mal eine große Gemeinsamkeit. Doch was sie womöglich nicht weiß, ist, dass ihr Liebster total auf Zahnkontrollen abfährt. So sehr, dass er nach dem 32. Zahn abspritzt. Hui!

Da habe ich die ersten Male in der Cam auch gedacht, wie macht er das mit seinen Patientinnen? An seine spezielle Vorliebe musste ich mich auch erst einmal gewöhnen. Eric kam fast seit Stunde eins zu mir und eröffnete unseren ersten Chat mit den Worten: »Würdest du für mich den Mund ganz weit aufmachen und dabei bitte dicht an deine Kamera treten.«

Zunächst dachte ich natürlich an das Deep-Throat-Thema. Vielleicht wollte er wissen, wo bei dieser Blowjob-Technik aus anatomischen Gesichtspunkten finito ist. Aber Eric kam dann recht schnell zur Sache: Er fing an, jeden einzelnen Zahn zu kontrollieren. Mit eben jenem Fachterminus, den man beim Zahnarztbesuch so mitbekommt. Oder besser gesagt, das, was der Zahnarzt dann zu seiner Zahnarzthelferin fürs Protokoll sagt. Also Dr. med. dent. wurde dann hoch erregt, wenn er die Molaren kontrollierte (das ist der Fachbegriff für Backenzähne). Da er sich ja ohne Werkzeug einen Überblick verschaffte, dauerte das eine ganze Weile. Vielleicht chatteten wir eine Stunde pro Zahnkontrolle. Er machte mir dann währenddessen immer Komplimente, wie sehr er meine Zähne liebte und dass ich sie schön pflegen solle. Wenn wir so bei der Hälfte der Zähne angekommen waren, zog er sich seine Hose ganz aus. Dann stand er auf, sodass ich seinen Penis direkt vor meinem geöffneten Mund hatte. Dann fing er an, für wenige Minuten zu wichsen. Er bat mich, weiterhin Aaaah zu machen, also er wollte das auch hören! Dann setzte er sich wieder vor die Cam und kontrollierte mit ganz viel Sorgfalt meine Zähne weiter. Ziemlich genau zum Ende meiner Zahnreihe hin spritzte er ab und verschwand auch ziemlich hastig aus dem Chat.

Auffallend bei Erics Uhrzeiten war, dass er nicht gerade selten um die Mittagszeit kam. Was ungewöhnlich war, denn die meisten User kamen eher in den späten Abendstunden oder eben nachts. Von der Umgebung her sah es auch nicht gerade nach seinem Zuhause aus. Ich vermutete, dass Eric sich in der Praxis in einem Mitarbeiter- oder Pausenraum befand. Schon ganz schön strange, klar. Auf der anderen Seite ist es doch gut, dass er einen Weg gefunden hat, seine heimliche Lust zu kanalisieren. So konnte er sich dann wenigstens bei seinen Patientinnen auf die Arbeit konzentrieren. Und ich? Ich habe mir dadurch natürlich nicht den richtigen Zahnarztbesuch gespart – aber immerhin wurde ich wöchentlich auf Karies untersucht. So geht Telemedizin auch!

Nachhilfe vom Pornostar: Wie geht Dirty Talk?

Im Grunde geht es ja nur darum, ein bisschen schmutziger zu sprechen. Dinge sagen, die man im Alltag einfach so nicht gebrauchen würde. Das ist der Kern der Idee. Aber, wie alles beim Sex, ob mit jemandem, den man liebt oder einfach nur heiß findet – man muss einander ein Stück weit vertrauen.

Als ich anfing, mich im Dirty Talk auszuprobieren, das war lange Zeit vor meiner Pornokarriere, da war ich auch unsicher. Ich hatte schmuddelige Wörter bisher nicht in meinem Sprachgebrauch. Ich musste das erst lernen. Also übte ich vor dem Spiegel und achtete dabei auf Gestik und Mimik. Klar, der Ton macht ja auch die Musik. Es muss einfach alles stimmig sein.

* * *

Man kann als Mann zum Beispiel auch »Zeig mir deine geile Fotze« in einem süßen, neckischen Ton sagen. Es säuseln und flüstern. Und jetzt sind wir auch schon bei der Fotze angelangt und das ist ein guter erster Grundpfeiler in Sachen Dirty Talk. Ihr müsst als Paar unbedingt auch eure No-Go-Wörter festlegen. Ich mag das Wort Fotze beispielsweise gar nicht, weder hören noch sagen. Es wirkt auf mich eher abschreckend. Aber es gibt Frauen, die das beim Sex extrem scharfmacht.

* * *

In der Cam höre ich natürlich oft Sätze, wie »Zeig mir deine Milchtüten, pack deine Titten aus oder leg deinen Piss-Schlitz frei«. Letzteres finden Männer extrem scharf, die auf Natursektspiele, also den Urin der Frau, stehen. Aber bitte: Ihr müsste das vorher abchecken und darüber sprechen. Die Deutschen sind nämlich bei dem Thema Sprechen über Sex das europäische Schlusslicht. Das soll mit ein Grund sein, warum es auch zur Untreue kommt. Wer sich schämt und sich erst mal herantasten will, der- oder diejenige kann es auch erst mal per Whatsapp anteasen. Legt am besten drei No-Go-Wörter fest. Damit verhindert ihr dann den großen Abturner.

* * *

Glücklicherweise sagen Männer selten bis gar nicht das Wort Vagina. Was mit Sicherheit daran liegt, dass sie gar nicht genau wissen, was das ist. Gern wird nämlich Vagina mit Vulva vermischt oder verwechselt. Was ihr meint, liebe Männer, ist sicherlich der Vorhof der Scheide. Also Schamlippen, Klitoris und Scheideneingang. Die Vagina ist schlauchförmig und verbirgt sich hinter dem Scheideneingang. Genau genommen ist die Vagina auch ein Teil des Geburtskanals.

* * *

Männer benutzen, wenn es verbal schmutzig zur Sache gehen soll, gern für ihr bestes Stück Worte wie: Fickschwanz, Ständer, Peitsche, Rammel, Riemen oder wahlweise einfach nur Schwanz. Hier hat die Frau freie Wahl, wobei ich gern beim Dirtytalken das Wort Schwanz benutze. Da ich das Wort Fotze nicht mag, benutze ich in der Cam die Wort-Kombi geiles Loch, Muschi und Pussy. Scheide find ich zu brav und irgendwie zu sehr 6. Klasse Biologie-Unterricht. Wobei ich mal einen User hatte, bei dem ich minutenlang einfach nur das Wort Scheide sagen musste, bis er abspritzte.

* * *

Kommt mit dem Schmuddel-Kram aber nicht wie Kai aus der Kiste. Das kann überrumpeln und im schlechtesten Fall unbeholfen wirken. Ich hatte mal privat einen Typen, der hat nie einen Laut von sich gegeben. Dann kam wie aus dem Nichts etwas Dreckiges. Er wollte in dem Moment dominant auftreten, aber er bewirkte dabei das absolute Gegenteil. Er war ab da für mich nur noch eine Witzfigur. Dirty Talk muss immer selbstbewusst und bestimmt rüberkommen. Wenn du als Mann merkst, dass sie richtig feucht ist, dann sag es einfach! »Oh, deine Muschi ist ganz feucht!« Damit ist der erste Schritt ins Dirtytalken getan!

* * *

Generell sollten die Männer auch darauf achten, dass sie sich deutlich weniger mit ihrem Penis beschäftigen. Denn Männer reden so wahnsinnig gern über ihr bestes Stück. Sätze wie »Ich stecke dir jetzt gleich meinen dicken Schwanz rein« fallen gern und oft. Liebe Männer, schickt auch gern Schmutziges in unsere Richtung. Sonst haben wir Frauen das Gefühl, dass ihr nur die ganze Zeit Bestätigung für euren Penis haben wollt. Aber das wird auf Dauer eintönig. Bedenkt, dass Dirtytalken ein Prozess ist, den man erst lernen muss. Man kann sich nicht von heute auf morgen anhören wie ein wildes Luder oder ein geiler Badboy. Der beste Weg ist, immer mal ein Wort zu sagen oder zu hauchen und dann abzuwarten, was passiert. Dann wird auf einmal aus einer Brustwarze einer geiler, harter Nippel. Oder aus der feuchten Scheide macht ihr eine saftige Muschi. So einfache Umformulierungen können beide extrem kicken.

* * *

Daher: Sucht euch einfache Wörter aus, die ihr mögt und die ihr schön und sexy findet, und stellt klar, wer von euch devot und wer eher der dominante Part im Bett ist. Aber bei aller Dominanz müsst ihr Grenzen setzen. Alles, was in Richtung Erniedrigung geht, muss vom anderen gewollt sein. Ich habe viele Männer in der Cam erlebt, die benutzen Begriffe wie Fickfleisch, Fickstück und Arschfotze für den Anus. Das ist schon eine etwas härtere Abteilung. Wenn's ein Spiel ist, wenn's für beide okay ist, dann ist die Dirty-Talk-Arena eröffnet und ich würde sagen: freie Fahrt und einfach Ausprobieren.

* * *

Parallelwelten

AUF STATION

Freitags war bei uns in der Psychiatrie immer Kochtag mit unseren jungen Patienten. Ich habe das eigentlich immer als ein schönes Miteinander empfunden. Denn es zeigte, wie etwas völlig Normales von so großer Bedeutung sein kann. Die Jugendlichen durften sich dann immer eine Mahlzeit wünschen und die Zutaten mit uns gemeinsam einkaufen gehen. Sie hatten also Freigang, den sie sonst in einer geschlossenen Einrichtung ja nicht haben. Das Einkaufen lief einigermaßen geordnet ab, wobei wir die Jugendlichen immer im Blick hatten. Wir waren da heilfroh, wenn wir Pflegerinnen und Erzieherinnen unfallfrei wieder zurück auf Station angekommen sind.

Beim Kochen und Zubereiten des Essens waren wir natürlich angehalten, weiterhin alles mit großer Vorsicht im Blick zu haben. Landeten die Messer auch wirklich wieder in der Schublade, hat keiner eine Plastiktüte in die Hosentasche gesteckt und so weiter. Das war so, da stumpft man irgendwann auch ab. Keiner hier war normal und keiner konnte etwas dafür, dass er große Schwierigkeiten hatte, mit dem eigenen Leben klarzukommen. Fast keiner der Teenager wusste, wie man einen Tisch eindeckt, und in den allermeisten Fällen wussten die Kids auch nicht, wie welches Gemüse heißt. Die Eltern haben es verpasst, ihnen in den ersten Jahren etwas Grundlegendes mitzugeben. Liebe, Zuwendung und wahrscheinlich auch die Tatsache, das Essen etwas Normales ist. Schon damals sah ich Parallelen, wenn ich nach meiner Schicht in meine Webcam ging oder es heute tue: Viele User haben auffällige Ess-Fetische, zum Beispiel das sogenannte Sploshing. Das bedeutet, dass man Sex mit Lebensmitteln hat oder aber beim Vorspiel.

Bei dieser Vorliebe geht es um ein, na ja, sagen wir mal sinnliches Erlebnis mit Lebensmitteln. Was lustig und kreativ klingt, hat meiner Erfahrung nach nicht selten seinen Ursprung in der frühkindlichen Fehlprägung.

Ich lernte in der Zeit meiner zwei Jobs so vieles, über das ich mir vorher nie Gedanken gemacht hatte. Ich meine, ich war zuerst einfach nur neugierig und stolperte in meinen heimlichen Nebenjob ja eher so hinein. Aber dadurch spürte ich mich auch immer mehr. Und es war längst viel mehr als stumpfe Webcam-Sessions. Ich begriff es auch zunehmend als echten Job. Es ging nicht nur darum, sich auszuziehen und die Männer geil zu machen. Es war für viele User wie eine Therapie. Denn wenn sie sich mir anvertrauten, dass sie noch nie Sex hatten, oder wenn, dann nur mit einem Kleidungsstück.

Ja, was soll ich sagen, da rutscht man schon irgendwie in so eine Art Therapeuten-Rolle. Offensichtlich gab es ja niemanden, dem sie davon erzählen hätten können.

Wie zum Beispiel ein User, der sich damals »Rüschensöckchen« nannte. Kein Scherz, die Unkreativität der Männer in Sachen Usernamen war schier grenzenlos. Ich war ja schon froh, wenn einer mal nicht »hartefleischpeitsche_86« hieß. Also »Rüschensöckchen« war eigenen Angaben zufolge 35 Jahre alt, Anlagenmechaniker, ledig und wie der Username es vermuten lässt: saugeil auf Strümpfe. Ich habe mich mit ihm stundenlang über Socken in allen Formen, Farben und Größen im Chat unterhalten. Als er sich mir lange genug anvertraut hatte, wünschte er sich fürs Finale, dass ich mir die Socke in die Muschi steckte. Tatsächlich sagte er »Muschi«. Einer der wenigen Typen, der auf den Ausdruck »Loch« nicht abging. Aber die Socke in die Muschi stecken? Nein, das tat ich nicht, denn ich hatte Grenzen und habe sie auch heute noch. Ich musste in dem Moment innerlich lachen.

In der Summe waren all diese sexuellen Wünsche hart gewöhnungsbedürftig, absurd und in Teilen auch schwer gestört. Als ich lachte, durfte es aber nicht den Anschein erwecken, dass ich »Rüschensöckchen« auslache. Denn das ist ein absolutes Tabu! Niemand wird für seine sexuellen Fantasien bei mir ausgelacht. Also kicherte ich mädchenhaft und teilte dem User mit, dass ich mir die Socke nicht in die Muschi stecken würde. Ich erklärte ihm, dass sich das für mich nicht gut anfühlt und dass das Scheidenmillieu nicht der passende Ort für ein getragenes mit Bakterien versetztes Stück Stoff ist. Durch meine Ausbildung als Krankenschwester wusste ich, wenn man anfängt, Dinge ausschweifend medizinisch und sachlich zu erklären, dann schalten einige komplett ab oder lauschen ehrfürchtig. In »Rüschensöckchens« Fall paarte sich einfach nur Ernüchterung mit absoluter Leere. Ich bot ihm aber an, dass wir das Ganze als Fantasie weiterspielen können. Was wir dann auch über zahlreiche Sessions taten. Die Lust ist Fantasie und das meiste spielt sich dann einfach im Kopf ab. Wichtig war, und das habe ich in meinen ersten Webcam-Sessions gecheckt, dass es einen Gegenspieler für diese Fantasien geben muss. Zum Beispiel so jemanden wie mich!

Ich bekam über die Monate einen Stamm von Usern, die sehr devot waren. Viele hatten einen hoch angesehenen Job, ernährten sich gesund, manche sogar vegetarisch oder asketisch. Aber als krasses Gegenteil dazu ließen sie sich dann in meinen Cam-Sessions mästen. Andere wollten beleidigt und gedemütigt werden, richtig schlimm erniedrigt sogar. Nicht selten spielte sich das in Hotelzimmern ab, wenn die User mal wieder auf Geschäftsreise waren. Ich habe mir oft währenddessen die Frage gestellt, wie die Typen in einem Meeting auftreten und performen. Das ist und bleibt einfach so eine Schere in meinem Kopf. Bei mir in der Cam sitzen sie mit ner Windel um, und morgen wieder mit dem Tablet im ICE auf zum nächsten Termin. Verrückt, aber es gibt sie, diese Fälle. Ich kam immer wieder zum gleichen Ergebnis, wenn ich wieder offline war: Diese Sorte von Männern wollte endlich einfach mal Macht abgeben.

Wenn ich nachts auf Station auf dem Handy getickert habe, dann saß ich in dem Glaskasten, unserem Dienstzimmer. Dort gab es die einzige Tür, die offen war. Alle anderen Türen waren immer verschlossen. Auch die Duschen mussten abends verriegelt sein, denn leider gab es ja immer wieder Jugendliche mit selbstverletzendem Verhalten. Die Dusche wäre ein Ort gewesen, an dem man sich hätte erhängen können. Glücklicherweise waren das nur Sicherheitsvorkehrungen. Ich selbst habe aber zum Glück nie einen Suizidfall miterleben müssen. Während dieser einsamen Nachtschichten war es stockdunkel auf den Gängen. Es brannte nur ein kleines Nachtlicht im Flur. Für den Fall, dass Jugendliche nachts zur Toilette mussten. Die Nachtschicht war einsam, aber so konnte ich ungestört auf dem Handy tickern.

Stamm-User Jens hatte es bereits vor einigen Tagen im Chat angekündigt. Immer wieder. Ganze sechs Monate zog er das durch und erzählte, oder wahlweise schrieb er, dass er sich ein Liebes-Tattoo stechen lassen wollen würde. Ich war mir bis zu diesem Tag wirklich ganz sicher, dass sich auf keinen Fall jemand ein Tattoo für mich stechen lassen wird. Jens neigte ohnehin zur Übertreibung. Er sprach oft über eine Scheidung von seiner Frau, tat es aber natürlich nicht. So ging ich davon aus, dass er mal wieder bluffte.

Es war inzwischen vier Uhr am Morgen und dann schickte Jens mir über das Portal per Direktmessage ein

Foto. Es zeigte ein frisch gestochenes Tattoo, aber ich hielt es zunächst für einen Fake. Sicher, so dachte ich, wollte Jens mal wieder ein bisschen Effekthascherei betreiben. Meine Nachtschicht ging bis um 6.30 Uhr. Ich machte die Übergabe für die Frühschicht. Bettina war eine der Erzieherinnen und kam wie immer überpünktlich. Sie war ein burschikoser Typ und strahlte immer eine extreme Ruhe aus. »Mach keinen Stress« – diese drei Worte gingen ihr am Tag ungefähr fünfzehnmal über die Lippen. Megaentspannt diese Frau, nur leider war ich gerade gar nicht entspannt. Meine Gedanken waren bei Crazy-Jens. Hat der sich wirklich ein Tattoo stechen lassen und was ist der noch bereit zu tun? Ich versuchte mir vor meiner Kollegin meine Sorgen nicht anmerken zu lassen.

Zu Hause angekommen, zog ich mich um, duschte mich und zog mir für Jens seine Lieblings-Klamotte an. Schwarze Nylons, einen einfachen schwarzen Slip und keinen BH. Und da kam er auch schon in die Cam. Ich glaube, der hatte die ganze Nacht durchgemacht. Jetzt zeigte Jens mir live sein Tattoo. Es war ein aufgerissenes Herz mit ganz vielen Blumen. Darin waren eine Digitaluhr und ein Kompass mit den Koordinaten, wo wir uns kennengelernt haben.

Sehr lustig, dachte ich. Wir sind uns doch nie begegnet, alles war ja rein virtuell zwischen uns. Und der lässt sich die Koordinaten aus Elmshorn in Schleswig-Holstein stechen. Was für eine Ehre für mein kleines Kaff hier. Dann stand dort auf Lateinisch: »Immer an deiner Seite.« Ich war wirklich erschrocken, dass der so besessen war. Jens war bockstolz. »Jetzt kann ich dich immer bei mir tragen, mein Sternchen«, sagte Jens mit funkelnden Augen und schiefem Lächeln.

Fuck, Mist, Scheiße, was passierte hier – mir war nicht gut dabei. Natürlich klingelte die Kasse nach so einer Nacht, knapp 200 Euro brachten mir diese Säuseleien hier ein. Und ich liebte es ja auch, wenn die Männer heiß wurden und schon abspritzten, wenn ich nur andeutete, wie ich mich anfasse. Aber ich wusste bei Jens jetzt nicht mehr, ob das noch gesund war, was hier gerade für ein Film ablief. Mir gingen Fragen durch den Kopf wie: War der noch mit seiner Frau zusammen? Was, wenn sie das sah und die Ehe dann wirklich in die Brüche ging? Und überhaupt, ich wollte ehrlich gesagt auch nicht für immer auf Jens' Haut sein – auch nicht in Erinnerung. Nein und noch mal nein. Aber das Ding war noch nicht durch. Das Jens-Drama sollte noch einen weiteren Höhe- oder besser gesagt Tiefpunkt erreichen.

GÖTTER IN WEISS MÖGEN ES HEISS

Es gab die Zeit vor meiner Pornokarriere, in der ich mich ausprobierte und auch mal etwas wagte. Bis auf zwei feste Beziehungen und einen etwas holprigen One-Night-Stand hatte ich aber nicht so viel an sexueller Erfahrung. Trotzdem war ich schon neugierig auf Sex.

In einem der Tagdienste lernte ich Claas, einen 30-jährigen Assistenzarzt kennen. Ein großer, gepflegter

Mann mit großen Händen und einem lockeren Charme. Er hatte das, was vielen Ärzten fehlte. Er war total auf Augenhöhe mit Pflegekräften. Inzwischen fing ich an, immer mal wieder in den Dienstplan zu spähen, um zu gucken, wann wir wieder zusammen arbeiteten. Dann wurden wir in die ersten gemeinsamen Nachtschichten eingeplant und fingen an, über Gott und die Welt zu sprechen. Das hat so eine Schicht, in der man Schlafende bewacht, an sich. Man hat relativ viel Zeit. Irgendwann stupste er mich auf Facebook an und wir fingen an, dort ein bisschen flirty zu schreiben.

Im darauffolgenden Nachtdienst musste ich in der Stationsküche ein Medikament anordnen. Als unsere Blicke sich plötzlich kreuzten, küssten wir uns. Einfach so. Das war heiß, denn jederzeit hätte jemand kommen können. Dieser Kuss war der Startschuss für unser leichtes Techtelmechtel. Wenn wir Dienst hatten, dann fummelten wir aneinander herum. Der Thrill daran war, dass immer, wenn wir gerade allein waren, wir den anderen berührten. Ich fasste ihm in den Schritt, er schob seine butterweichen Klavierhände unter mein Shirt. Das Ganze hatte ein bisschen was von heimlichem Schulhof-Petting. Das zog sich wochenlang so hin.

Bis in einer Nachtschicht, ohne dass darüber gesprochen wurde, klar war: Heute werden wir Sex haben. Wir fanden eine Abkürzung zum Labor, das war so eine Art Notausgang mit einer Feuertreppe. Da wir die Station nicht lange unbeaufsichtigt lassen konnten, schien das die beste Option zu sein. Denn von hier aus hatte ich die Klingel auf dem Flur im Blick. Also wenn jemand klingelte, dann sah ich das Licht und hörte es. Es musste schnell gehen und Claas war noch aufgeregter als ich. Ich zog ihm die Hose aus, drehte mich um und lehnte mich halb über das Treppengeländer und blickte über meine Schulter zu ihm. Er fummelte sich dann unbeholfen das Kondom aus der Kitteltasche und zog es sich über. Claas zog mir dann anschließend hastig meine Hose hinunter und steckte ihn mir rein. Es fühlte sich total gut an. Besonders, weil es verboten war! Der Sex ging keine fünf Minuten und ich muss rückblickend sagen, dass ich die Kulisse heute total gern noch mal für einen meiner Pornofilme hätte. Einfach einmalig! Für ihn schien es, abgesehen vom heißen Sex, auch einmalig gewesen zu sein, denn Claas verknallte sich in mich. Ich mich nur leider nicht in ihn. Ich fand das Rumgemache und den Sex antörnend, aber ich merkte, dass ich mich eigentlich nur sexuell ausprobieren wollte.

Trotzdem gab ich der Sache eine Chance und besuchte Claas dann zu Hause. Seine Bude war minimalistisch, modern, ohne Deko eingerichtet und im Grunde so steril wie im Krankenhaus. Irgendwie wollte der Funken nicht überspringen. Der heiße Sex von der Feuertreppe war wohl ein einmaliges Erlebnis, das sich nicht wiederholen ließ. Ich merkte, dass Claas nerdy und langweilig war. Ich glaube, der suchte schon Heiratsmaterial, und das konnte ich ihm damals nicht bieten.

Claas wechselte irgendwann die Station und ich war froh, dass das unser kleines Geheimnis blieb. Der Kontakt zwischen uns brach dann ab und ich glaube, der arme Kerl war ganz schön geknickt. Na ja, wie heißt es so schön: Krönchen, ähm, Stethoskop richten und wieder aufstehen. Claas: Falls du das liest. Du warst mein erster und letzter Arzt, mit dem ich es trieb!

LERNEN FÜRS LEBEN

Bevor ich in der geschlossenen psychiatrischen Einrichtung arbeitete, hatte ich Dienst auf einer Intensivstation in Schleswig-Holstein. Dort herrschte eine chronische Unterbesetzung. Am Wochenende arbeitete ich teilweise mit nur einem Krankenpflegeschüler allein.

Ich habe in der Zeit auf der Station viele Menschen sterben sehen oder sie in den Tod begleitet. Immer wenn ich zu einem frisch Verstorbenen ins Zimmer getreten bin, habe ich das Fenster geöffnet. Warum? Damit die Seele hinausfliegen kann! Das hatte man uns so beigebracht, vielleicht ist das aber auch so ein Krankenschwester-Ding.

Eigentlich war ich während der Ausbildung ständig mit dem Sterben konfrontiert. Meinen ersten Toten musste ich ins Stationsbadezimmer schieben, weil wir einfach keinen Platz hatten. Am nächsten Morgen haben dann die anderen Patienten nebendran geduscht. Ich zog der Verstorbenen ein frisches Patientenhemd an und legte eine Inkontinenzunterlage unter den Leichnam. Denn mit dem Tod entweicht auch alles aus Darm und Blase. Das kannst du einhundert Mal an einer

Puppe oder Mitschülern üben, und man ist doch nicht darauf vorbereitet. So ging es mir.

Es gab Schichten, bei denen war klar, dass Patienten sterben. Und obwohl wir ein Hospiz-Zimmer hatten, war auch das manchmal voll und es kam schon der Nächste. Ich entschloss mich damals nach diesen doch für mich sehr belastenden Erfahrungen zu einem Wechsel. Ich wollte lieber mit jungen Menschen arbeiten. So landete ich auf der Kinder- und Jugendpsychiatrie.

Ich habe euch ja bereits von der jungen Patientin Samantha erzählt. Sie wurde als junges Mädchen missbraucht und ritzte sich bei uns fürchterlich doll in die Unterarme. Durch ihre ständige Flucht aus betreuten Jugendeinrichtungen war sie ein Dauergast bei uns in der geschlossenen psychiatrischen Klinik. Diese Selbstverletzungen, damit sie sich durch den Schmerz endlich selbst spüren konnte, war aus Sicht der Therapeuten damals ein stiller Schrei nach Aufmerksamkeit. Und nach Liebe.

Ich möchte gern dieses etwas ernstere Kapitel hier nutzen, um die Geschichte von Samantha zu Ende zu erzählen. Auf der Geschlossenen waren wir ja so etwas wie ihre Ersatzfamilie, kannten jede selbst zugefügte Wunde und die dazugehörigen Narben. Mit uns konnte die schlaksige Teenagerin, die ständig eine andere Haarfarbe und Länge hatte, über alles sprechen. Dann ergab sich für Sammy die Möglichkeit, eine Eins-zu-eins-Betreuung im Ausland zu bekommen. Ein echter Jackpot für unser Sorgenkind!

Sie zog also nach Norwegen und konnte auf einem Hof mit einer tiergestützten Therapie endlich zur Ruhe kommen. Wir bekamen sogar Briefe von ihr. Zwar mit nur wenigen Zeilen, aber mit einem klaren Willen: Sie wollte endlich all das Beschissene hinter sich lassen und leben, lieben und geliebt werden! Samantha schickte Fotos, auf denen sie mit diesen lustigen und frommen Alpakas arbeitete und sich allmählich zu einer Frau entwickelte. Irgendwann lernte sie einen Mann kennen und lieben. Auch darüber freuten wir uns sehr.

Nach langer Funkstille erreichte uns irgendwann ein Brief von ihrer norwegischen Pflegefamilie. Die darin enthaltene Nachricht riss sogar den erfahrenen Ärzten den Boden unter den Füßen weg. Samantha hatte einen tödlichen Unfall beim Sex. Wir erfuhren aufgrund der Ermittlungen keine Details, bekamen aber in knappen Sätzen mitgeteilt, dass sie durch eine Bondage-Fesselung starb. Das ist eine Sexpraktik aus dem BDSM-Bereich und steht für: Bondage, Discipline, Dominance, Submission, Sadism und Masochism. Es geht also um Fesseln, Dominanz, Unterwerfung, Sadomasochismus und Masochismus. Bei der Praktik entsteht mitunter sexuelle Erregung durch diese Fesselungen. Sammy soll bei der Fesslung erstickt sein. Ich war tieftraurig. Es dauerte eine Weile, bis wir das im Team verarbeitet hatten.

Wir können die Lebensgeschichte, die sexuellen Fehlprägungen, Missbräuche und Unterdrückungen anderer nicht ungeschehen machen. Aber diese furchtbare Nachricht lehrte mich, dass Lust und Leidvolles oft dicht beieinanderliegen. Und dass wir aufeinander achten sollten und schauen sollten, welches persönliche Päckchen der andere mitbringt. Ob in der Cam oder im echten Leben.

ABGEHÄRTET

Oft erinnern mich meine heutigen Webcam-Sessions an meine Zeit auf Station, aber auch an die Psychiatrie, und ich sehe ganz deutliche Parallelen. Nicht selten fragen mich heute Journalistinnen und Journalisten in ihren Interviews, wie ich einige Fetische in der Cam so aushalte.

Die Antwort ist so simpel wie klar für mich. Der Ekelfaktor ist bei mir praktisch nicht vorhanden. Fäkalien sind immer wieder ein krasses Thema, ein krasser Fetisch und ich bezweifle, dass irgendwer offen dazu steht. Da ich aber bereits während meiner Ausbildung mit menschlichen Exkrementen erste Berührungspunkte hatte, kannte ich es demnach, wenn sich Patienten »ausräumen«, also ihren Kot rausholten, in die Hand nahmen und sich damit einrieben. Oder wahlweise ihr ganzes Zimmer damit einkleisterten. Ich durfte damals damit keine Berührungsängste oder Ekel empfinden, denn als Pflegekraft war ich fürs Pflegen und natürlich auch für die Reinigung zuständig.

Ich erinnere mich heute noch sehr gut an einen prägnanten Fall. Ich leistete während meiner Ausbildung sogenannte ambulante Pflichtstunden in einem Altenheim, die ich ableisten musste, um für das staatliche Examen zugelassen zu werden. Also war dieser Programmpunkt in meiner Aus- und Fortbildung ein Muss. Davon mal abgesehen gehört die Altenpflege von der Priorisierung her auch mitten in die Gesellschaft. Es geht uns ja alle etwas an.

Ich kümmerte mich dort fortan also um einen an Demenz erkrankten 80-Jährigen. Bevor der Senior erkrankte, arbeitete er als Prof. Dr. Scholl Jahrzehnte zuvor als Chefarzt im benachbarten Klinikum. Er galt als zynisch, aber brillant. Unterrichtete, hielt Vorlesungen und war vielfach in ärztlichen Fachjournalen zitiert. Eine echte Lichtgestalt und Koryphäe. Und jetzt: räumte er sich aus. Er holte Kot aus seinem After und schmierte den überallhin. Auf seinen Rollator, in seinem Zimmer, an den Pflegern, im Flur. Da wo er halt hinkam. Mit seinem beschmierten Rollator fuhr er dann gern auch in den Essensraum. Wenn man ihn rechtzeitig erblickte, konnten wir Schlimmeres verhindern.

Die Kolleginnen und Kollegen im Altenheim berichteten mir in meinen ersten Tagen, dass es ihn beruhigte und er nach dem Ausräumen entspannt und friedlich war. Als ich mit meinen Ausbildern und auch mit Ärzten darüber sprach, erklärte man mir, dass Prof. Dr. Scholl durch das Ausräumen und mit dem Kot zu spielen eine Form der sexuellen Befriedigung erfuhr. Dadurch, dass Kot etwas Warmes und Formbares ist, kann man damit spielen. Das kann eine Form der Befriedigung sein, auch im sexuellen Sinne. Selbst wenn Prof. Scholl natürlich nicht genau wusste, was in ihm das gute Gefühl auslöste. Körperflüssigkeiten, die wir für den Sex ausscheiden, sind ja auch warm. Für mich war das in dem Zusammenhang mit Kot allerdings schwer vorstellbar! Aber bei genauerer Beobachtung stellte ich fest, dass der Professor dadurch wirklich Befriedigung erfuhr. Natürlich war das eklig, zumal ich den ganzen Mist ja sauber machen musste. Viel erschreckender fand ich aber, dass so ein intelligenter Mann in den letzten Jahren seines Lebens so zerfiel.

Heute habe ich in der Cam auch immer wieder mit Ausscheidungen zu tun, aber es ist für mich okay. Es ist da ja auch ein Bildschirm zwischen. Ein absoluter Luxus! Früher habe ich den Patienten dabei geholfen, sie sauber zu machen. Und heute unterstütze ich eben jene besonderen User bei ihrem Kaviar-Fetisch. Und lebe mit ihnen aus, was sich die Ehefrau im Nebenraum im Leben nicht vorstellen könnte.

Aber nicht nur meine Pflichtstunden im Altenheim haben mich gut abgehärtet in Sachen Fäkalien. Kurz nach der Ausbildung arbeitete ich auf einer internistischen Station. Ich empfand das auch als einen ganz wichtigen Zweig meiner Berufserfahrung. Denn für Scham und Ekel war auch hier kein Platz. Viele Männer fragen mich auch heute in der Cam, ob ich noch in der Lage bin, einen Katheter zu legen. Der Gedanke um eine Reizung in der Harnröhre turnt den einen oder anderen

Mann an. Deswegen kommen ja auch immer mal wieder Männer mit Gegenständen in der Harnröhre in die Notaufnahme. Oder mit ungeeigneten Gegenständen im After.

Den meisten Patienten auf der internistischen Station war hingegen alles rundum Ausscheidungen höchst unangenehm. Da ich damals dort das Mädchen für alles war, habe ich Leute gewaschen, die Inkontinenzunterlagen gewechselt und die Bettpfannen getauscht. Diese Bettpfannen waren je nach Medikation voll mit festem Kot oder Durchfall in allen erdenklichen Regenbogenfarben. Besonders schlimm roch der, wenn er grün oder gelb war. Und dann kam der Endgegner: die Topfspüle. Denn die Bettpfannen mussten ja auch irgendwie wieder sauber werden. Wenn ich nicht gerade noch eine Kotprobe aus der Pfanne nehmen musste, dann ging das Teil samt Kacke in eine Spülmaschine, in der nur Bettpfannen gewaschen wurden. Wenn man diese Maschine nach der Wäsche aufmachte, stank es bestialisch. Ich muss sagen, das war mit Abstand das Schlimmste.

Durch all diese Erfahrungen in der Pflege bin ich in der Webcam recht hartgesotten. Und ich wäre nicht Hanna, wenn ich euch jetzt nicht noch sagen würde: Ja, es gibt Menschen, die essen gern Kot. Und nein, die sind nicht dement. Sondern die sehen ganz normal aus, trainieren vielleicht neben euch im Fitnessstudio an der Hantelbank oder sitzen lächelnd am Bankschalter vor euch. You never know.

USER ARMIN: TISCHLEIN, DECK DICH!

Das Wort »Herstellen« bekam durch diesen Fetisch und in erster Linie durch Armin eine völlig neue Bedeutung für mich. Heute umgehe ich dieses Wort in meinem Sprachgebrauch schon fast instinktiv, weil es aus dem Fetischbereich des Kaviars kommt. Kaviar steht im Übrigen für Kot und alles, was man damit so machen kann.

Hier ist »machen« das Stichwort: Herstellen steht für Kot machen! Es gibt User, die macht es extrem an, Kot vor den Augen anderer herzustellen. Andere wiederum haben das bereits erledigt und präsentieren ihren Haufen dann in voller Pracht. Uff! Schwer vorstellbar, aber jetzt noch mal von vorn.

Armin stellte sich mir in der Cam als 30-jähriger, liierter Sachbearbeiter eines Logistikunternehmens vor. Er hatte einen gepflegten, gestutzten Vollbart und einen Stoppel-Haarschnitt. Sein Bartwuchs war deutlich üppiger als sein Haarwuchs auf dem Kopf, aber alles in allem war er ein ganz passabel aussehender Mann. Es gibt User, die erzählen gern und viel von sich. Bei Armin war das nicht der Fall, er sprach sehr wenig. Manchmal kaum. Als er das erste Mal in die Cam kam, fragte er direkt, ob ich auf Kaviar stehen würde. Ich beantwortete seine Frage schnell mit einer Gegenfrage: »Was wünschst du dir denn?« Seine Reaktion ließ nicht lange auf sich warten. Armin war jemand, der seinen Kaviar herstellte, bevor er in die Cam kam. Also präsentierte er mir seinen Kackhaufen auf einem großen und flachen Teller, damit ich das gut erkennen konnte. Dazu hatte er Messer, Gabel und einen großen Esslöffel vorbereitet. Später überraschte er mich auch mit einer tiefen Schüssel, in der er dann den Kot gut durchrühren konnte.

Ich muss gestehen, dass ich in der ersten Session dachte: Okay, der verarscht mich. Der muss mich veraschen. Das kann nicht echt sein! Und ehrlich gesagt, habe ich es auch ein bisschen gehofft. Aber Fehlanzeige. Als Armin anfing, den Kot auf die Gabel zu schieben und mit dem Messer abzustreichen, da wusste ich: Das ist real. Jeder weiß, wie Kot aussieht, welche Konsistenz er hat. Dann fing Armin an, die Gabel gegen den großen Esslöffel auszutauschen. Er schaute angewidert auf den Löffel voller Kacke, nahm einen und schmatzte dazu genüsslich. Dieses Schmatzen war extrem laut und mir wurde echt übel. Ich hatte zuvor noch niemanden in der Cam, der das so durchzog. Während er seinen Kot aß, sollte ich ihn beleidigen. Wie, das durfte ich mir aussuchen. Aber er stand darauf, wenn ich ihn abartiges Schwein nannte. Diese Demütigung, aber auch meine leichte Erschrockenheit turnten ihn immens an. Ich weiß, das ist kein Stoff für einen Film – aber es ist nun einmal die Realität.

Während Armin seinen Teller leerlöffelte, wollte er von mir wissen, ob er noch weiter aufessen soll. Er wollte dann hören, dass er dies tun solle. Dabei war er richtig erwartungsvoll, ein bisschen wie ein kleines Kind, das etwas haben will. Mit jeder Session wurde er, so wie die meisten User, mutiger. Irgendwann saß er zu Beginn der

Cam-Zeit dann direkt mit freiem Oberkörper da. Und während er aufaß, fing er an, seinen Oberkörper mit Kot einzuschmieren. Dann seine Haare. Sein Gesicht bearbeitete er fast vorsichtig mit seinen Fingerspitzen und verrieb den Kot, als wäre es ein Peeling. Während er das so tat, wirkte er selbst angewidert.

Das Interessante bei Armin war, dass ich sehr viel von seiner Umgebung erkennen konnte. Er saß immer in einer sehr modernen und teuer wirkenden Küche. Einige Elemente wirkten sogar, als seien sie aus Marmor. Da er aber die Kommunikation auf das Wesentliche herunterbrach, fiel eine tiefergehende Unterhaltung meist sehr schwer. Ich konnte nur erfahren, dass er sich in einer hetero-sexuellen Partnerschaft befindet. Seine Partnerin aber zu unseren Sessions immer auf der Arbeit war und davon nichts wusste. Armin plante auch immer noch eine Stunde für Putzen und Duschen ein, wie er mir eher so beiläufig erzählte.

Unsere Cam-Zeit dauerte maximal zwanzig Minuten. Am Ende lächelte er mich an und hatte die ganze Scheiße zwischen seinen Zähnen. Armin kommt immer noch zu mir, und neben ihm kommen inzwischen weitere mit ihrem Kaviar-Fetisch. Wahlweise onanieren einige User auf ihre Haufen, nachdem sie ein paar Happen genommen haben.

Torsten zum Beispiel. Der kam auch irgendwann regelmäßig. Der hat die Kamera immer bereits so eingestellt, dass er sich quasi im Vierfüßler-Stand hinhockte und ich ihm beim »Herstellen« zusehen und anfeuern sollte. Torsten fragte dabei immer, ob ich das auch wirklich gut erkennen kann, wie der Kot aus seinem Anus kommt. Ich bejahte das und kurze Zeit später onanierte er dann auf seine eigene Scheiße.

Harter Tobak, ich weiß. Aber, was soll ich sagen. Das ist buchstäblich Real Shit! Ich respektiere jeden Fetisch und bin als rein virtuelle Sexworkerin ja auch in einer sehr komfortablen Situation.

Armin hat sich inzwischen so weit gesteigert, dass er mit mir aus der Küche in sein Badezimmer gezogen ist. Er nimmt dann seinen Laptop mit dahin. Und die Kloschüssel ersetzt inzwischen den Teller voller Scheiße. Neulich langte er beherzt ins Klo hinein, nahm sich seinen Kot daraus und aß den in gewohnter Manier. Ohne Messer und Gabel. No words are needed.

Nachhilfe vom Pornostar: Handjob – so funktioniert es richtig!

Hier macht nicht der richtige Ton die Musik, sondern die richtige Technik. Es gibt ganz unterschiedliche Techniken und jeder Mann tickt da mit Sicherheit auch ganz individuell. Aber meine Erfahrung zeigt mir, dass beispielsweise die Mehrheit der Männer sehr glücklich sind, wenn die Hoden nicht komplett vergessen werden. Also Ladys, die Hoden bitte künftig nicht mehr ignorieren. Sie baumeln da nicht zur Zierde! Denn die Hoden sind durchaus für den Mann eine erogene Zone. Beim Ejakulieren zieht sich der Hodensack merklich zusammen und wird richtig straff. Als Frau ist das ein guter und sicherer Hinweis, dass er kurz davor ist zu kommen oder gerade sogar dabei. Einige Männer sind da sehr sensibel. Daher bitte, liebe Frauen: Erst einmal herantasten. Kneten, anfassen, streicheln. Alles ist erlaubt.

* * *

Der Handjob ist übrigens ein super Starter. Den kann man gut machen, wenn ihr euch noch nicht so gut kennt. Gerade dann, wenn ihr noch keinen Volltest gemacht habt. Diesen Test könnt ihr entweder beim Urologen oder bei der Gynäkologin auf alle möglichen Geschlechtskrankheiten vornehmen lassen. Von Gonorrhö, besser bekannt als Tripper, bis hin zu Syphilis. Ihr müsst das am besten vorher einmal alles abchecken, bevor ihr ungeschützt zur Sache geht – auch oral. Das habe ich auch vor jedem Pornodreh mit einem neuen Drehpartner gemacht. Denn ein Porno mit Gummi kommt einfach nicht so gut an.

* * *

Ich stelle euch jetzt im Folgenden mal drei Varianten vor. Fangen wir mit der ersten Technik an: Ich nenne sie »Protein-Shaker«: Ihr nehmt eine Hand und ummantelt damit den Penis. Dann macht ihr eine Auf- und Abbewegung, als hättet ihr einen Shake in der Hand. Einen Shake, den ihr gut durchschütteln wollt. Achtung, das Ding bitte nicht zerquetschen. Ihr merkt, dass alles gut ist, wenn der Penis durch die Handfläche gleitet. Wenn er hakt, greift ihr zu fest zu. Also lockerlassen und habt den Mann im Blick. Wenn er entspannt ist, dann legt er den Kopf nach hinten, die Atmung ist tiefer, er stöhnt und hat im besten Fall die Augen zu. Nicht wundern, falls die Augen auf sind. Manche Männer gucken einem einfach auch gern bei der »Arbeit« zu. Das ist Geschmackssache.

* * *

Jetzt kommen wir zu einer anderen Technik: die »Saftpresse«. Ihr Ladys nehmt beide Hände, umschließt seinen Penis damit und eine Hand liegt obenauf. Diese Hand, die oben aufliegt, die macht kreisende Bewegungen. Die andere macht in gewohnter Manier eine Auf- und Abbewegung. Ihr kombiniert das einfach, als würdet ihr eine Orange auspressen. Auf der Rückseite könnt ihr mit eurem Daumen mit seinem Frenulum spielen. Ah, Hilfe – ein Fremdwort. Ich löse mal schnell auf: An der Unterseite der Eichel ist die Vorhaut durch das Frenulum an der Eichel befestigt. Ihr könnt es auch einfach Vorhautbändchen oder Penisbändchen nennen. An diesem könnt ihr sanft mit eurem Daumen spielen. Mit der anderen Hand macht ihr da weiter, wo ihr angefangen habt. Auf und ab!

* * *

Die letzte Variante, die auch Assoziationen mit Küchengeräten zulässt, ist der »Korkenzieher«. Jetzt wird's wild und damit ist es vielleicht eher etwas für die Fortgeschrittenen unter euch. Beide Hände wichsen und drehen ineinander. Ganz so, als würdet ihr einen Korken ziehen wollen. Das macht ihr auch in einem ordentlichen Tempo. Diese Variante geht allerdings nur bei einem großen Penis, weil ihr halt viel Fläche und Bewegung braucht.

* * *

Jetzt noch ein letzter Tipp zum Finale, wenn ihr merkt, dass er kommt. Zum Beispiel wenn sich sein Hodensack zusammenzieht oder aber er auffällig laut beginnt zu stöhnen – dann: Macht. Weiter. Bis er wirklich zu Ende ejakuliert hat, weil Männer ihre Spermaladung immer in mehreren Stößen abgeben. Wenn ihr zu früh aufhört, dann würdet ihr eurem Liebsten den Orgasmus ruinieren. Und das wäre doch schade um euren super Handjob.

* * *

Mein Freund, eine Idee und ich

SO GEHT EIN SOLO

Viele fragen mich, wie ich eigentlich dazu gekommen bin? Wie bin ich Pornostar geworden? So einfach und in zwei Sätzen lässt sich das nicht erklären. Alles begann mit meinem damaligen neuen Freund und einer fetten Portion Neugier.

Swipe und match. So datet man halt heute und so habe ich damals auch Lukas kennengelernt. Über Tinder. Ich war 20 Jahre alt und durch meine Erfahrungen mit Gevin ziemlich desillusioniert, da kam Lukas gerade zur richtigen Zeit. Er war schon ein paar Jahre älter als ich. Ein sportlicher und richtiger Sunnyboy-Typ, der so eine wahnsinnig gewinnende Art an sich hatte. Nach einigen Treffen verliebten wir uns schnell ineinander. Sodass Lukas nach wenigen Wochen zu mir zog.

Ihr erinnert euch, die Wohnung schräg über dem Bestattungsinstitut. Das wurde unser Liebesnest. Lukas sah nicht nur gut aus, er war auch ein Charmeur und der Typ Mann, der einer alten Dame die Einkäufe in die Wohnung hochtragen würde. Jemand, der die Frage »Wie geht's dir« ernst nahm und sich dann wirklich die Sorgen und Nöte eines jeden anhörte. Ein Mann, mit dem ich mir schnell alles vorstellen konnte. Ja, Lukas war Heiratsmaterial, ein echter Schwiegermutter-Traum. Er überhäufte mich mit Geschenken, mit Kuscheltieren, mit Blumen und lieben Karten. Ich erlebte all das, was ich zuvor gar nicht kannte. Einen liebevollen Freund.

Eine andere Seite von Lukas war, dass er etwas sehr Pedantisches an sich hatte. Er schrieb sich zum Beispiel jede noch so kleine Info auf. Alles musste schriftlich auf Zetteln oder in seinem Notizblock festgehalten werden. Und sein Handy war tabu, wenn ich mal einen Blick auf seine Chat-Verläufe erhaschte, dann schrieb er nicht selten in Emojis. Ich dachte an Schreibfaulheit und verbuchte die pedantische Art unter einer Berufskrankheit. Da Lukas beim Finanzamt arbeitete und die Dinge vielleicht einfach gern fixiert wusste.

Das waren wir also: die Krankenschwester und der Finanzbeamte, eine echte Bank. Richtig solide, und wie man heute so schön sagt »systemrelevante junge Leute«. Ein Paar mit sicherem Einkommen. Leute, bei denen jeder Vermieter in die Hände klatscht. Lukas schaffte es durch seine einfühlsame Art, den Verlust von meinem verstorbenen Bruder Lasse erträglicher zu machen. Das tat mir gut, denn bisher bestand mein Leben überwiegend aus meinen Diensten in der geschlossenen psychiatrischen Einrichtung. Wir führten eine Beziehung mit einem sehr intensiven Sexleben und probierten viel aus. An meiner spartanischen Einrichtung störten wir uns auch nicht. Auch nicht daran, dass wir finanziell keine allzu großen Sprünge machen konnten. Mein Lattenrost war aus Europaletten, aber wir fanden das cool. Und ich sehnte mich auch nicht nach mehr. Ich hatte alles, wovon ich träumte.

Als wir in etwa ein halbes Jahr zusammen waren, kam Lukas eines Abends von der Arbeit nach Hause und sagte, er müsse mir etwas Spannendes erzählen. »Schatz, ich habe einen Freund und dessen Freundin chattet auf einer Online-Plattform mit Männern. Die beiden haben sich von dem Zuverdienst schon Immobilien kaufen können«, erzählte er euphorisch. Ich versprach Lukas, dass, wenn ich von meiner Schicht wiederkommen würde, wir uns dieses Portal mal ansehen können. Also sahen wir uns die Seite tags darauf gemeinsam an und meldeten mich dort just for fun an. Was soll schon dabei sein, wir können es ja ausprobieren, dachte ich. Wir warteten einige Tage, bis ich verifiziert wurde, und dann begannen wir, mein Profil zu erstellen.

Wir tauften mich »Zuki19« und stellten vier Fotos ein. Wenn man so will, waren das sozusagen die vier Fotos ins Pornobusiness. Wobei wir auf den Bildern mein Gesicht zunächst nicht so genau zeigten. Mir gab das ein Gefühl von Anonymität. Es war ein Spiel. Ein Kick, ein bisschen Chatten und ich saß die ersten Male ja einfach in Shorts und T-Shirt vor dem Laptop. Ohne wirklich etwas von mir zu zeigen oder gar zu machen. Lukas schaute die ersten Male, wenn ich vor der Cam saß, nach dem Rechten. Wir feixten ein wenig, weil diese Situation irgendwie ja schon absurd war. Ich meine, ich saß in Top und Shorts vor dem Laptop und es loggten sich immer mehr Typen ein. Teilweise hatte ich gar keinen Überblick mehr, wie viele Hunderte zum »Gucken« kamen. Denn das Prinzip bei dem Portal war, dass man sich in meine Cam-Zeiten einloggen konnte. Wenn man aber mit mir allein sprechen wollte, dann musste man mit mir in einen Privat-Chat. Und das kostet natürlich richtig Geld. In der Minute kann man da schon mehr als zwei Euro einplanen. Bei jeder Direktnachricht, die ich empfing, klingelte auch noch zusätzlich die Kasse. Fortan fing ich an, mich fast jeden Abend in der Cam zu zeigen.

Ich merkte, dass ich immer begehrter in der Webcam wurde, und mein Zuverdienst entwickelte sich recht schnell zu einer Art drittem Gehalt für mich und Lukas. Doch irgendwann reichte das sogenannte Camen nicht mehr aus. Die User wollten endlich einen Film sehen, wollten endlich, dass ich etwas zeige oder besser gesagt mache. Ich begann mit sehr simplen Filmen, Filme, in denen ich allein erscheine. Solos. In den ersten zeigte ich mich nackt, das kannte bisher noch keiner, im zweiten zeigte ich meine Füße. Da der Fuß-Fetisch generell sehr verbreitet ist, war dieses Solo auch ein echter Hitgarant.

Im nächsten Streifen fragte ich ganz kess: »Hilfst du mir beim Rasieren?« Darin ging es, na klar, darum, dass ich meine Beine und meine Pussy rasierte. Und der User war hautnah mit einem Super-Zoom dabei. Und: Der

User hatte die Gelegenheit, mich immer besser kennenzulernen. Im Prinzip sind das aber alles Softporno-Geschichten, die heiß, aber auch neugierig machen auf mehr. Mehr vom Girl next door. Irgendwann wussten Lukas und ich allerdings, dass wir einen Hardcore-Film brauchten. Mit anderen Worten, wir mussten allmählich einen Film drehen, in dem wir richtigen Sex vor der Kamera hatten.

MEINE ERSTEN MALE VOR DER KAMERA

Sie hat richtig schön geknattert und ich war so stolz, sie zu haben: meine Rennmaschine. Eine Suzuki GSXR K1 in Blau, Weiß und Schwarz. Da für mich Maschinen immer einen Namen haben, weil ich denke, dann »leben« sie länger, taufte ich mein Stück Blech »Zuki«. Deswegen nannten wir mich auf dem Portal auch so. Das Motorrad gehörte mittlerweile fest zu meinem Image und ich band es in meine ersten Solo-Filmchen ein.

Ihr müsst euch vorstellen, dass mein neues Business in den Anfängen daraus bestand, vor der Cam live zu chatten und zweimal in der Woche einen Pornofilm in Eigenregie zu produzieren. Diese Filmchen waren in etwa fünf Minuten lang und per Download verfügbar, gegen Bares versteht sich. Bei jedem Download klingelte meine Krankenschwester-Kasse. Mein zweites Gehalt wurde immer fetter und meine Solo-Filmchen immer mutiger. Allerdings brauchte es mit jedem Film etwas

Neues, eigentlich eine Steigerung. Ganz klar. Denn die User folgten mir ja genau deswegen. Man kann das ein bisschen vergleichen wie mit einer Fan-Base bei einem Musiker. Da gibt es dann die musikalische Entwicklung des jeweiligen Künstlers. Mal ein neues Album, ein neues Feature und neue Klänge. Und bei mir als Pornodarstellerin ist es dann die Spannung, wie das Mädchen von nebenan sich weiterentwickelt. Also, was macht sie heute in ihrem Film, cremt sie sich ein, ist sie wieder Outdoor unterwegs und fünf Filme später ist dann der erste Penis im Bild.

In den Anfängen drehte ich allein viele Outdoor-Szenen. Dazu brauchte ich Lukas nicht. Manchmal fuhr ich einfach nur zum Elbstrand und pinkelte heimlich ins Gebüsch. Easy Nummer, easy gemacht und leichter konnte ich mein Geld wirklich nicht verdienen, als irgendwo hinzupieseln. Ein bisschen aufwendiger waren dann die Filmchen mit meinem Motorrad. Dabei nahm ich den Motorrad-Helm nicht ab. Das gab den Filmen scheinbar einen geheimnisvollen Touch. Die Männer fuhren auf jeden Fall total darauf ab. Obwohl ich ja finde, dass so ein Motorrad einer Frau schon etwas sehr Hartes verleiht. Aber in der Kombination mit einem knappen Outfit oder einer blanken Pussy auf dem Motorrad-Sitz ließ es dann die Männer vor dem Bildschirm masturbieren. Weil meine Maschine und ich in meinen ersten Filmchen so gut ankamen, fertigte ich einige solcher Download-Clips an, die so anfingen:

Ich fuhr mit dem Motorrad in ein abgelegenes Waldstück, bekleidet mit einer Jeansshorts und einem kurzen Top. Szenisch würde man heute bis hierhin sagen, das ist ein cooles TikTok oder Snapchat. Aber was danach kam, das war dann natürlich nicht mehr FSK 12. Ich ließ noch kurz meine Maschine laufen, dann machte ich sie aus und sprach den Zuschauer durch das Helm-Visier an. Wie gesagt, der Helm blieb immer auf. Das war erst mal mein Style. Dann zog ich mein Top aus, unter dem ich keinen BH trug, und knetete spielerisch meine Brüste. Ich hatte ja noch wenig Erfahrung und probierte mich da erst mal aus. Dann zog ich mir die Jeansshorts hinunter, bückte mich über die Maschine und zog mit den Händen die Pobacken auseinander. Dann fing ich an, mich zu fingern, und brachte mich stöhnend zum Höhepunkt. Hier im Wald konnte mich keiner hören, das hatte ich mit Lukas alles abgecheckt.

Da es inzwischen so gut lief, half er mir bei einigen Solos mit der Kameraführung. Denn ganz allein war das anfangs nicht immer so einfach für mich. Aber mit einem kleinen Stativ oder je nach Szene mit einem Selfie-Stick ging das gut. Diese Filme haben ja auch gerade dadurch ihren Reiz, dass sie amateurhaft wirken. Die Aufnahmen dürfen ruhig mal ruckeln und die Perspektive musste ja auch keiner perfekten Kameraführung entsprechen. Knappe fünf bis acht Minuten ging so ein Solo-Streifen, wenn ich den dann fertig geschnitten und online gestellt hatte.

Am Anfang ging es ganz klar um den Fun, um das Sich-Ausprobieren. Aber mit jedem Filmchen wuchs der Erfolg, der Verdienst und irgendwo dann natürlich auch die Bekanntheit. Ich konnte in meiner Statistik auf dem Portal immer sehen, was ich in der Minute verdiene. Das war irre und ich wollte das Ganze noch breiter aufstellen und dazu gehörte spätestens nach drei Monaten auch ein echter Porno.

Lukas und ich überlegten also, wie wir ihn etablieren konnten. Sodass man nicht zu viel von ihm erkennen konnte. Im besten Fall nur den Penis. Er arbeitete ja beim Finanzamt, und seine kleine Nebendarsteller-Rolle hätte sicherlich Probleme bereitet. Ihr müsst euch vorstellen, dass der Reiz dieser Amateur-Pornos ja gerade darin besteht, als würde man einen heimlich gedrehten Film sehen. Einen Film von einem vielleicht ganz normalen Paar von nebenan. Bei denen man in der ersten Reihe steht, wenn sie es treiben. Und genau in der Art muss dann auch das Storytelling sein.

Wir entschieden uns dafür, dass Lukas mich für den ersten Pornofilm in der Dusche überrascht und heimlich filmt. Ich reagierte dann überrascht, aber der Anblick seines nackten Körpers machte mich an, sodass ich ihm in der Dusche einen geblasen habe. Wir beließen es bei dem ersten Film dabei. Ein reiner Blowjob mit anschließender Gesichtsbesamung. Damit es für den nächsten Film eine weitere Steigerung gab.

Als wir gesehen haben, dass der Porno nach kürzester Zeit wahnsinnig viele Downloads hatte, legten wir schnell nach. Wieder war das Setting die Dusche. Ich hatte so eine alte, klapprige Dusche mit einem Duschvorhang und Lukas filmte mich wieder heimlich. Dazu hielt er das Handy über den Vorhang. Ich gab mich zunächst erschrocken und ließ mich dann doggy von ihm durchnehmen. Dabei filmte er den Sex aus seiner rechten, der freien Hand. Während die andere mich an der Hüfte packte.

Kaum hatte ich den Film fertig geschnitten und mir einen griffigen Titel- und Inhaltsbeschreibung hochgeladen, ging es ab. Der Betrag, den ich im ersten Monat mit den zwei Hardcore-Filmen verdiente, war fast fünfstellig. Und meine Statistik auf dem Portal bestätigte genau das. Ich war in den Rankings Cam, Film und Newcomer immer weiter oben. Denn je mehr Punkte durch Downloads ich gesammelt hatte, desto mehr wurde ich geklickt. Und da war es wieder, das Thema mit der Bekanntheit. Aber ich dachte damals, wer soll dieses Pornoportal schon kennen. Damit tat ich es für mich ab und redete mir ein, dass es sich sicherlich nur um einen Mikrokosmos handelte.

BITTE NUR »EIN BISSCHEN« PORNO

Es war kurz vor Mitternacht, die Eistüten lagen ausgelutscht neben mir. Ihr erinnert euch, eine meiner Blas-Einheiten mit verschiedenen Eissorten. Also, ich war gerade im Begriff, den Feierabend einzuläuten. Ich hatte bestimmt sechs Stunden am Stück vor der Cam gesessen. Eis essen, Eincremen, mich einkleiden im Prinzessinnen-Kostüm, Beziehungsprobleme anhören und kleine Schwänze groß reden – das war mein Lagebericht des Abends. Ich war ausgelaugt, aber happy. Es lief einfach bombastisch und meine Gehaltsaufbesserung reichte für zwei.

Da kam Lukas von seinem Dienst. Er arbeitete ja inzwischen für die Steuerfahndung und hatte dadurch manchmal auch lange Arbeitszeiten. Aber er hatte keine guten Nachrichten im Gepäck.

»Ey Schatz, das geht so nicht mehr. Du musst die Sachen mit mir sofort löschen.« Gemeint war ein Hardcore-Streifen, in dem Lukas mich in der Dusche nahm. Es waren bisher nur zwei Filme, in denen er mitwirkte. Weil die User endlich mal einen Schwanz im Film sehen wollten. Den ich blies, den ich mit den Händen bearbeitete und der mich durchnahm. Durch die POV-Perspektive, was so viel bedeutet wie »Point of View«, also aus Sicht des Filmenden, blieb Lukas natürlich unerkannt. Aber das half nichts.

Der Flurfunk bei seiner Behörde funktionierte einwandfrei und die News landeten bei seinem Abteilungsleiter. Lukas war außer sich, stand vor mir und wiederholte sich. »Du musst das alles sofort löschen. Ich bekomme sonst richtig Probleme. Die halbe Abteilung guckt sich deine Pornos an.« Das erste Mal spürte ich, dass das hier alles nicht mehr nur unser kleines Geheimnis war. Unser kleiner Zuverdienst, der mir als Krankenschwester und ihm als Finanzbeamten finanziell immer größere Sprünge ermöglichen könnte. Ich versuchte, ihn in der Nacht noch zu beschwichtigen, schlug vor, dass ich mein Gesicht in den Pornos nicht mehr zeigen würde, aber er winkte ab. Wir hatten ein Problem. Er war angezählt. Ein Beamter, der Pornos dreht. Das wird nicht lange geduldet werden. Außerdem waren wir auf dem besten Weg, das Dorfgespräch des Jahrhunderts zu werden.

Ich löschte die Filme mit Lukas. Für mich war das damals als immer beliebter werdendes Pornosternchen ein echter Downgrade. Denn User sind gierig, ihr erinnert euch an meinen Vergleich mit einem Musiker. Fans wollen mit ihrem Idol wachsen, die Weiterentwicklung miterleben. Und keine Rückschritte sehen. Kein Penis, kein guter Porno. Es musste aber mit jedem neuen Film eine Steigerung her. So aber bewegte ich mich in kleinen Schritten zurück. Und: Das Konstrukt »heimlich« war ganz schön störanfällig.

Inzwischen konnte ich kaum mehr zur Arbeit gehen. Ich bekam richtig dolle Bauchschmerzen und entwickelte sogar einen leichten Hautausschlag am Hals und an den Händen. Das wiederum war für den Job vor der Cam natürlich blöd. Und für die Arbeit auf Station war es extrem belastend, diese ständige Angst zu haben. Jeden Tag schlenderte ich am Sekretariat im Glaskasten vorbei. Die Kamera an der Decke fixierte mich Big-Brother-mäßig und mich beschlich immerzu das Gefühl, dass die Leute, die ja über die letzten zwei Jahre vertraute Kollegen waren, tuschelten.

Gemeinsam beschlossen wir, abgesehen von der Löschung der Videos, einen Cut zu machen. Mein Doppelleben ging jetzt fast zwei Jahre so und ich konnte diesen Spagat nicht mehr machen. Die Belastung der ständigen Lügen zermürbte mich. Ich ging zu meiner Stationsleitung und bat um ein Gespräch. Ich musste mir eine plausible Erklärung, eine gute Notlüge für eine Kündigung ausdenken. Etwas, was unverfänglich klingt. Wenige Tage später eröffnete ich ihr also, dass mein Freund die Möglichkeit hatte, ein Sabbat-Jahr zu machen. Ich würde das gern mit ihm zusammen tun und kündigen. Gisela war traurig, was sie auch zum Ausdruck brachte. Sie setzte alle Hebel in Bewegung, dass ich nach dem Sabbat-Jahr wiederkommen könne und somit unbezahlten Urlaub hätte.

Das war das Ende meiner Zeit als Krankenschwester. Ab dem Zeitpunkt setzte ich alles auf eine Karte. Ich dachte mir, wenn das mit dem Porno nicht klappen sollte, dann bin ich halt in einem Jahr wieder auf Station. Ein Sabbat-Jahr war es in jedem Fall nicht. Stattdessen fing ich an, mir eine neue Tagesstruktur zu schaffen. Ich stellte mir den Wecker von nun an nicht mehr für die Klinik-Dienste, sondern für mein eigenes Business. Ich schrieb Schalt- und Online-Pläne, in denen ich zuverlässig in der Cam online ging und in denen der User fest mit einem neuen Film rechnen konnte.

Nach zwei Monaten wusste ich, dass ich nie mehr zurückkehren würde. Ich vermisste die Arbeit auf Station überhaupt nicht. Die erste große Ernüchterung kam dann allerdings, als ich mich krankenversichern musste. Die schlug mit rund achthundert Euro fett zu Buche. Da beschlichen mich dann kurz die ersten Ängste, ob ich das wirklich schaffe. Gerade weil ich ohne Sexszenen ja nur noch »ein bisschen Porno« im Repertoire hatte.

Unter meinen damaligen Kollegen und den Therapeuten war ich nach meiner offiziellen Kündigung natürlich das Tuschelthema schlechthin. Mein Kollege Matthias, der das als Einziger wusste, hat es dann nach meinem Weggang auch durchsickern lassen. Heute, mit meiner gewissen Bekanntheit, bekomme ich sogar auf Instagram Nachrichten von ehemaligen Kollegen, ob ich nicht mal wieder zu Besuch vorbeikommen will. Bis jetzt habe ich das Angebot noch nicht angenommen, vielleicht irgendwann einmal.

USER SIMON: MIT PERWOLL GEWASCHEN

Ich habe die User und das, was ich mit ihnen über die Jahre erlebt habe, sehr sorgfältig hier für euch ausgewählt. Damit aber auch wirklich die ganze Bandbreite an Lust, Laster und natürlich auch Kuriositäten hier ihre Erwähnung finden, suche ich nur die Perlen raus. Ich glaube, nach dem letzten User muss ich euch ein wenig schonen. Da ging es ja ziemlich heftig zur Sache. Jetzt wird es etwas softer.

User Simon mochte es kuschelig, weich und mit möglichst wenig Haut. Mit seinen gerade mal 20 Jahren war

Simon ganz schön jung für einen Stamm-User. Simon war kein ganz sportlicher Typ und ihm würde ab und zu Tageslicht guttun. Aber insgesamt wirkte er ganz munter und wortgewandt. Simon führte sogar eine ganz intakte Beziehung nach außen. Wäre da nicht das Verlangen nach Wollsachen. Darauf ging er total ab, heimlich versteht sich. Als er das erste Mal in die Cam kam, fragte er, ob ich etwas aus Wolle hätte. Ich sagte ihm, dass ich einen Poncho in Griffweite hätte. Und dachte, er hätte gern einen Poncho mit sexy Dessous oder nichts darunter. Falsch gedacht.

Ich sollte mich möglichst dick anziehen. Über den Wollpulli sollte noch eine kuschelige Winterjacke, dann legte ich noch ein Stirnband aus Wolle an. Da ich in meinem Arbeitszimmer für gewöhnlich leicht bekleidet bin, hatte ich die Raumtemperatur etwas höher eingestellt. Jetzt war ich so fett wie ein Michelinmännchen eingepackt. Das erste Mal fragte ich mich schon, was jetzt wohl kommt. Was hat er für Fantasien? Dass ich ihm im Winter draußen einen blase? Stand er auf Outdoor bei Minusgraden?

Aber seine Fantasien gingen in eine ganz andere Richtung. Simon wollte mit mir sein Kopfkino durchspielen. Dabei stellte er sich vor, dass die Freundinnen seiner Freundin bei ihm zu Besuch waren. Natürlich hatten die ganz viele Wollsachen an, und dann trieb er es mit einer von denen. Und er konnte sich währenddessen an den Wollsachen reiben. Seine Freundin im Raum nebenan bekam nichts davon mit. Er erzählte mir, dass

Stolz wie Oskar! Mein zweiter Geburtstag in meiner feinsten Garderobe. Ich liebe die 90er-Jahre für ihre Mode.

Ich will wieder an die Nordsee, ich will zurück nach Westerland! Mit drei Jahren baute ich auf Sylt am liebsten Sandburgen.

Friede, Freude, Einfamilienhaus-Idylle. Mein großer Tag, die Einschulung!

Mein geliebtes Pony Skuld und ich als zwölfjährige Pferdenärrin.

Landleben pur. Mein Island-Pony war wie meine beste Freundin.

Meine Leidenschaft ist das Reiten geblieben. Mein zweiter Pferdeschatz heißt Ás.

Mein Pferd Skuld ist nun eine Omi und ich bin erwachsen geworden.

Noch etwas schüchtern. Meine ersten Modelerfahrungen mit 17 Jahren. Natürlich angezogen!

Mein Traum wurde wahr! Endlich habe ich das Staatsexamen als Krankenschwester in der Tasche.

Meine Rennmaschine, die Suzuki GSXR. Damit gab es die Premiere für meinen ersten Solo-Porno.

20 Jahre alt und inzwischen Vollzeit-Pornosternchen.

Da schipperte ich mit der AIDA durchs Meer und beglückte meine User mit Urlaubsfotos.

Die Geburtsstunde meines ersten Porno-Alias: Zuki19 mit festen Webcam-Zeiten!

Mein Doppelleben nimmt seinen Anfang. Man trifft mich auf der Krankenstation und in der Webcam.

Ein unvergesslicher Augenblick. Mein eigener Stand auf der Venus 2017.

Bin ich jetzt berühmt? JA! Ich schrieb über 1000 Autogramme auf der Venus 2017.

Mein Highlight 2019: Ich gewann den Venus-Award als bestes Amateur-Girl.

Youtube-Star Aaron Troschke durfte auf der Venus-Gala nicht fehlen!

Zu einem Tandem-Sprung als Überraschungsgeschenk sag ich nicht Nein!

Endlich Zeit für einen eigenen Hund! Welpe Billie und ich beim Shooting 2018.

Pfotenliebe! Mein French Bulldog Billie und ich sind unzertrennlich.

Behind the scenes – eines der vielen Fotoshootings mit Erotikmodel und DJane Micaela Schäfer.

Meine beste Freundin Steffi, mit der ich durch dick und dünn gegangen bin.

reharbeiten mit Reality-Star Claudia bert. Sie sollte erraten, was ich eruflich mache. Und tippte daneben!

Tequila-Sause mit Journalistin und Freundin Nicola Fischer.

Feuchte Grüße an meine treuen Follower aus dem Thailand-Urlaub im Jahr 2019.

Ein Wunsch-Outfit für einen User! Der Latex-Catsuit kommt zum Einsatz.

Posieren für mein Kalender-Shooting in 2020. Ich liebe meinen Job!

Kalender-Shooting 2020 – Motto des Motives: Mach das TV aus und lass uns endlich Popp… corn essen.

er schon seit Langem gemerkt hat, dass Wolle ihn erregt. Insbesondere dann, wenn seine eigene Freundin dicke Wollschals trug. Ja, es war bizarr. Jedes Mal, wenn er in die Cam kam, dann legte ich Schal, Wollpullover, Poncho, halt alles, was mein Kleiderschrank an Wollsachen zu bieten hatte, zurecht.

Seit drei Jahren kommt Simon mit seinem Wollfetisch zu mir. Einige Male schickte er mir auch Fotos von den Freundinnen seiner Freundin. Bei denen ich entscheiden sollte, auf welche dieser Freundinnen er onanieren sollte. Ich bat ihn, dass wir auf die Fotos verzichten und wir der Fantasie einfach mehr Raum geben sollten. Also saß ich da, ob im Sommer oder im Winter, eingepackt in dicke Wollsachen, und erzählte ihm, wie kuschelig weich sich mein Pullover und meine Mütze anfühlten. Es erregte ihn so schnell, so sehr, dass wir so manches Mal auch auf die Fremdgeh-Fantasien verzichten konnten. Was mir ganz recht war. Und natürlich frage ich mich auch heute so manches Mal: Ist das hier versteckte Kamera? Aber, die Antwort lautet: Nein, das ist alles real.

Nachhilfe vom Pornostar: Spermaspiele für sie und ihn!

Ich glaube, als Frau sieht man Sperma erst einmal als reines Fortpflanzungsmaterial. Ganz nüchtern betrachtet. Und das ist auch okay so. Da ich damit aber beruflich zu tun habe, hat Sperma für mich natürlich eine vielschichtige Bedeutung. Und: Ich weiß, wie wichtig dem Mann sein Sperma ist. Denn der Mann denkt gern, dass die Menge Auskunft über seine Potenz gibt. Das ist natürlich Quatsch, liebe Männer. Wie qualitativ eure Spermien wirklich sind, das kann man nur unter einem Mikroskop erkennen.

* * *

Was den Umgang mit dem eigenen Ejakulat angeht, zeigte mir meine Erfahrung vor meiner Pornokarriere, dass Männer sich allerdings mehrheitlich auch gern mal ekeln. Das hat sich aber total gewandelt. Heute finden Männer es total geil, wenn sie es sehen und damit etwas anstellen können. Wenn das Sperma nicht einfach unter der Bettdecke in ihr verschwindet und unsichtbar bleibt. Längst sind Spermaspiele auch in deutschen Schlafzimmern angekommen. Vielleicht schämt man sich nur, darüber zu sprechen.

* * *

Daher machen wir uns nichts vor und lassen jetzt einfach mal die Hosen runter: Männer wie Frauen! Die meisten haben schon mal einen Pornofilm gesehen. Wer ab und zu Pornos schaut, der sucht natürlich auch nach seinen ganz persönlichen Vorlieben. Es gibt im Internet viele Pornoseiten auf denen man zahlreiche Begriffe vorgeschlagen bekommt. Wenn man sich da ganz aus Versehen hin verirrt hat, dann versteht man natürlich nur Bahnhof. Das ändern wir jetzt für zwei Begrifflichkeiten mal flott.

** * **

Nehmen wir den sogenannten Creampie und den Cumshot. Beides könnt ihr weder beim Bäcker kaufen noch am Tresen bei einem Bar-Tender ordern. Denn: Das sind Spermaspielchen, die oft in Pornos vorkommen. Der Creampie bedeutet, dass die Frau das Sperma aus der Vagina herauspresst und es ihr aus dem Scheideneingang hinausläuft. Gleiches gilt natürlich auch für den Anus. Der Mann kann dabei zusehen, wie sein Ejakulat, das er in die Liebste hineingespritzt hat, wieder hinaufließt. Tatsächlich ist der Creampie ein beliebtes Ende im Porno. Man könnte sagen ein Happy End!

** * **

Dann haben wir da noch den Cumshot. Das bedeutet, dass die Ladung direkt während der Ejakulation im Gesicht und/oder im Mund, auf dem Po, auf der Vagina oder sonstwo auf dem Körper landet. Am beliebtesten ist hierbei die Gesichtsbesamung. Hui, das ist aber nicht meins, denkt jetzt vielleicht die eine oder andere Leserin. Das kann ich verstehen! Ihr müsst auch nicht jede Praktik sofort berauschend finden.

** * **

Wenn man sich als Frau zunächst noch nicht an das Spermakapitel herantraut, dann macht es in langsamen Schritten. Leckt doch erst einmal vorsichtig daran, am besten an der eigenen Fingerspitze, nachdem ihr ein paar Tropfen abgenommen habt. Und schaut dann, wie es euch schmeckt. Vorn auf der Zunge hat es einen leicht bitteren Geschmack, im hinteren Bereich der Zunge schmeckt es eher salzig, milchig und manchmal auch nussig. Gut wäre, wenn der Mann sich gesund ernährt, wenig Alkohol trinkt und vielleicht auch frisch Gekochtes isst und nicht nur Fast Food. Eine durchzechte Partynacht kann frau durchaus auch in den Folgetagen im Sperma schmecken.

* * *

Probiert ihr als Frau einen Cumshot aus, dann könnt ihr ja auch bestimmen, wie viel Sperma euch dabei genug ist. Es ist ein Spiel – ganz ohne Sextoys. Alles kann, aber nichts muss genau so wie im Porno passieren. Wenn ihr euch herantasten wollt, dann macht vielleicht erst einmal bei eurem ersten Cumshot ins Gesicht die Augen zu. Denn, wenn seine Ladung ins Auge kommt, ist es durchaus unangenehm. Und ihr, liebe Männer: Nicht einfach loslegen, wenn ihr das mit eurer Partnerin noch nicht gemacht habt. Im besten Fall gab es schon mal einen Blowjob, damit eine gewisse Vertrautheit zwischen euch herrscht. Wenn man das als Frau so gar nicht möchte, dann bietet sich der Cumshot auch auf anderen Körperteilen an. Dem Bauch, dem Po oder dem Busen. Vielleicht stimmt ihr das bereits spielerisch während des Aktes ab. Wo wir wieder beim Dirty Talk wären. Aber: Wenn wir schon beim Sperma sind, dann gehen wir jetzt mal die ganze Klaviatur an Möglichkeiten durch.

* * *

Es gibt Männer, die stehen auf Spermaküsse. Bedeutet, dass sie nach einem Cumshot das Sperma im Mund hat und im Anschluss wird dann wild geknutscht. Das ist buchstäblich Geschmackssache! Dann gibt es wiederum Männer, die finden es erregend, wenn die Frau mit dem Sperma noch eine Weile im Mund herumspielt, bevor sie es runterschluckt. So kann man den Liebesakt tatsächlich noch schön frivol abrunden. Wenn Männer ihr Sperma selbst schlucken möchten, dann ist das ziemlich devot. Das kenne ich bisher auch nicht aus meinem Sexleben, sondern nur aus der Cam. Wenn man als Frau kein Sperma hinunterschlucken möchte, dann ab damit ins Badezimmer oder in ein Taschentuch ausspucken. Mehr als eine walnussgroße Menge kommt in seltenen Fällen vor. Es gibt auch Männer, die über eine gute Ausdauer verfügen und nach der Ejakulation in die Frau direkt in die nächste Runde übergehen. Die benutzen dann ihr eigenes Sperma als eine Art Gleitgel. Dagegen ist auch nichts einzuwenden, wenn sie überhaupt noch Lust hat.

Zu guter Letzt, weil ich doch weiß, wie wichtig euch Männern die Menge eures Samenergusses ist: Hier noch ein Tipp zur Steigerung. Ihr solltet viel trinken, natürlich keinen Alkohol. Eine trainierte Beckenbodenmuskulatur hilft ebenso beim Durchhaltevermögen und für einen gut durchbluteten Penis. Wenn ihr jeden Tag ejakuliert, dann ist das Sperma meist flüssiger, und wenn ihr ein paar Tage abstinent lebt, dann ist es zäher und in der Regel auch mehr! Aber grundsätzlich gilt, je öfter der Mann kommt, desto gesünder ist es für ihn. Denn so können unverbrauchte Spermien ausgeschieden werden und die Samenkanäle werden immer schön durchgespült. Ich würde sagen: Die Spermaspiele sind eröffnet!

* * *

Mein Exit

VOLLES KONTO, LEERE HERZEN

Wenige Wochen nach meiner Kündigung fingen wir an, auf meinen Verdienst zu gucken. Das Konto war bereits fünfstellig. Lukas freute sich natürlich, dass mein neues Business so gut lief. Auch ohne richtige Pornos klappte das gut. Allerdings saß ich auch wirklich Tag und Nacht vor der Webcam und investierte alles an Zeit und lebte im Grunde isoliert. Eigentlich wollte ich das Geld nicht anrühren, es war für die hohe Kante gedacht. Ich dachte, wir sparen uns etwas an. Für später, vielleicht für ein Haus, für eine eigene Familie. Aber Lukas wurde gierig und überredete mich, dass wir uns auch mal etwas gönnen sollten. Wir konnten uns schließlich auf einmal Dinge leisten wie zwei wohlhabende Pensionäre.

Er wünschte sich eine fette Kreuzfahrt und dann war diese Buchung auch unsere erste Amtshandlung mit der neuen Kohle. Eine teure AIDA-Kreuzfahrt mit einer Meerblick-Kabine. Der erste Urlaub in meinem Leben. Alles war natürlich vom Feinsten. Zur Begrüßung gab es Champagner auf der Suite. Der Wahnsinn, ein riesiges schwimmendes Hotel, dachte ich damals. Lukas hatte alles von unserem Konto bezahlt. Wir nutzten das Kreuzfahrt-Setting auch, um von mir Fotos und ein paar Solo-Videos für das Portal zu machen. Auf dem Balkon und auf dem Deck fotografierten wir mich in Sport-BH und Shorts. Kaum war ich in einer anderen Umgebung, löste das bei vielen wieder einen totalen Reiz aus. Ein Pornosternchen auf einem Kreuzfahrt-Dampfer, da ging dann bei vielen Usern die Fantasie durch. Wir luden die Fotos und Videos allerdings erst nach der Kreuzfahrt hoch. Dann schipperten wir nach Madeira, nach Lanzarote und nach Teneriffa. Nach diesem Urlaub folgte dann noch eine weitere teure Reise nach Dubai und Abu Dhabi. Wir ließen es wirklich krachen, aber irgendwie blieben die Gefühle allmählich auf der Strecke.

Mir war Geld eigentlich nie so wichtig, Lukas wurde es aber zunehmend wichtiger. Er wollte nicht nur teure Reisen machen, er brauchte es auch für seinen Drogenkonsum. Denn Lukas nahm Koks, Speed und noch mehr harten Scheiß. Auf einem Festival erzählte er mir mal, dass er das ab und zu nahm. Die Wahrheit war: Er handelte sogar in kleinen Mengen damit. Damit ihm da auch ja keiner auf die Schliche kam, hatte er mit seinen Kumpels einige Code-Wörter für Whatsapp in Kombination mit Emojis. Das Saubermann- und Beamten-Image bröckelte schon lange. An manchen Tagen verabreichte ich ihm zu Hause sogar eine Veneninfusion mit einer Kochsalzlösung, damit er fit für seine Arbeit war. Ein kleiner

Booster, weil der letzte Drogenrausch ihn mal wieder plättete. Der drogendealende Beamte und die ehemalige Krankenschwester, die Pornos dreht – eigentlich Stoff für einen Film. Dachte ich. Aber in einem Film gibt es meistens ein Happy End, doch danach fühlte es sich für mich nicht an.

Ich versuchte, Lukas zu überzeugen, den Drogenkonsum zu lassen. Aber das gelang mir nicht, er veränderte sich allmählich immer mehr und wurde vor allem aggressiver. Zu allem Unglück hatte er auch die Zugangsdaten zum Konto, das ich eigens für das Pornobusiness eingerichtet hatte. Kurz vor einer geplanten Reise nach Barcelona schaute ich mal auf das Konto und stellte fest, dass dort mehr als 20 000 Euro fehlten. Lukas hatte sich einfach heimlich am Konto bedient. Geradezu geplündert hatte er es. Ich nahm in der Nacht sein Handy und versuchte, in seinen Chat-Verläufen herauszufinden, wo das Geld hingeflossen sein könnte. Dann landete ich in einem Chat-Verlauf, der mir beim Abhören der Voicemail das Blut in den Adern gefrieren ließ.

»Hey, ich bin's, ich hab mir da jetzt ein paar Tausender abgezwackt. Das merkt die Alte bestimmt gar nicht. Ich bin sowieso nur mit ihr wegen der Kohle zusammen.« Ich zitterte, ich weinte, ich war von dem Menschen, mit dem ich mir alles hatte vorstellen können, unendlich enttäuscht. Am nächsten Morgen sagte ich Lukas, dass ich alles wüsste. Und dass ich gern mein Geld wieder hätte. Ich konnte ihn überzeugen, die Kohle in Raten zurückzuüberweisen. Ich hatte ein schlagkräftiges Argument auf meiner Seite: das Finanzamt. Denn so toll meine Einkünfte auch waren – sie sind ja steuerpflichtig. Etwas, was er genau wusste. Ich sagte ihm, wenn ich die Steuern nicht bezahlen kann, weil das Geld fehlt, dann würde ich anzeigen, dass er mein Konto leergeräumt hatte. Lukas lenkte schließlich ein. Und ich zog aus der Wohnung aus. Zunächst kam ich bei meiner Freundin unter und später zog ich in ein Hotel. Von dort camte ich weiter und schluckte den Liebeskummer runter.

DIE RAZZIA

Ich glaubte ja, wenn man Maschinen einen Namen gibt, dann »leben« sie länger. Ist bestimmt so ein Frauending, und ich halte das heute auch noch so. Meiner Beziehung hat die Namenstaufe meines Pornoalias auf jeden Fall kein Glück gebracht. Denn das mit Lukas und mir scheiterte krachend. So leidenschaftlich wie alles begann, so dramatisch und beschissen endetet es. Nicht nur, dass Lukas mich um mein Geld betrog, er versuchte auch noch, im Nachhinein Ansprüche zu stellen. Weil es seine Idee war, mich auf dem Portal als »Zuki19« anzumelden. Also war für mich klar, was zu tun war. Es musste ein neuer Name her. Und zwar schnell.

Da saß ich im Hotelzimmer in Unterwäsche, weil ich die letzte Cam-Session gerade hinter mir hatte. Und jetzt musste ich auf die Schnelle einen neuen Namen finden. Ich grübelte die ganze Nacht über und fing an, mir Notizen zu machen. Ich skizzierte alles Mögliche vor mich hin. Mein Leben ist ein Geheimnis, Victoria's Secret fand ich schon immer toll, konnte mir den Fummel aber früher nicht leisten – und ich brauchte einen richtigen Künstlernamen. Einen, den ich patentieren lassen kann. Also nichts Plumpes, nichts, wofür man sich vielleicht in drei Jahren schämt. Ich brauchte einen Namen, der süß und erwachsen zugleich war. Das musste ich irgendwie kombiniert bekommen. Klingt strange, aber dann kamen mir Hanni und Nanni in den Sinn. Und dann war es klar: Hanna! Das klingt niedlich, bodenständig und erwachsen zugleich. Dann ließ ich den Namen Hanna Secret schnell schützen. Einige Jahre später habe ich auch versucht, mir den als Künstlernamen eintragen zu lassen, aber mein Job wurde nie als Kunstform anerkannt.

An einem Freitag musste ich noch mal in die Wohnung von Lukas, um den Stallschlüssel für mein Pony zu holen. Ich schloss die Tür auf und rechnete eigentlich damit, dass ich Lukas antreffe. Doch vor mir stand ein ziviler Polizist mit einer schusssicheren Weste und einer Pistole im Holster. Fast wortlos bedeutete der Beamte mir, dass ich reinkommen solle. Lukas saß im Wohnzimmer und kaute Nägel, das tat er immer, wenn er nervös war. Drei weitere Polizisten entdeckte ich in der Wohnung. »Sag kein Wort, raunte er mir zu.« Ohne reagieren zu können, wurde ich von zwei Beamten in ein anderes Zimmer gebracht und vernommen. Ich hatte wirklich Angst, ich hatte doch noch nie etwas mit der Polizei zu tun.

»Wir haben Sie und Ihren Lebensgefährten über mehrere Wochen hier observiert und wir haben den dringenden Verdacht, dass hier mit Drogen gehandelt wird. Befinden sich hier Drogen in der Wohnung?« Ich stammelte vor lauter Schreck nur etwas von meinem Steuerberater und dass ich mir wirklich nichts zu Schulden habe kommen lassen. »Ihr Aktionsradius ist nicht groß, also Ihr Leben ist wirklich langweilig, das haben wir festgestellt. Aber können Sie uns sagen, ob Ihr Partner hier Drogen versteckt?« Der Fahnder legte mir nahe zu sagen, was ich wüsste. Sie würden wissen, dass ich damit nichts zu tun hätte. Lukas war mir egal und ich wollte mit Sicherheit keine Vorstrafe wegen seinem Mist haben. Also sagte ich den Beamten, was ich vermutete. Lukas hatte hin und wieder sein Koks in einem Transportkörbchen für Katzen geparkt. Sein Pech. Sein Leben. Die Beamten machten dann noch einen Drogentest bei ihm, um zu sehen, ob er auch vollgekokst im Job war. Und: Die Polizei hat ihn auch noch wegen Steuerhinterziehung dranbekommen. Er hat für seine kleinen Drogendeals nämlich unser Miet- und Haushaltskonto dafür missbraucht. Ohne mein Wissen.

Nach der ganzen Aktion musste ich mir erst einmal einen Anwalt nehmen und beweisen, dass ich mit all dem nichts zu tun hatte. Lukas musste sich vor Gericht verantworten. Ihr erinnert euch noch an meine skeptische Mutter? Sie glaubte ja anfangs, ich würde zum Porno gezwungen werden. Dem war natürlich nicht so. Aber meine Mutter war es, die ihre Kontakte im Dorf spielen ließ. Sie kannte eine leitende Polizeibeamtin, die sie auf Lukas aufmerksam machte.

Unsere Beziehung war schon lange aus und ich wollte jetzt all meine Energie und Kreativität in meine Pornokarriere stecken. Ein Business, bei dem man immer davon ausgeht, dass ein Mann im Hintergrund die Strippen zieht und an dem Verdienst partizipiert. Das wollte ich fortan ganz allein schaffen und machen. Ich war jetzt Hanna. Hanna Secret.

USER DAVID: ER STEHT AUF DICKE DINGER

Das Gefühl von Nähe und echtem Alltag, in dem man mir nah sein kann, das haben viele User gefunden, indem sie mir auf meinen Social-Media-Kanälen folgen. Auf einigen davon habe ich immer wieder unterhaltsame und alberne Performances hochgeladen, auf anderen mache ich auch ernsthafte Umfragen. Manchmal erzähle ich dort auch, was mich bedrückt. Ohne jetzt ganz die Hosen runterzulassen, aber man kann mir schon ganz schön nah sein. Und ich bin der festen Überzeugung, wer sich selbst öffnet, vermittelt auch das Gefühl, für die Sorgen anderer da zu sein. Kurzum, ich bin ein guter Kummerkasten und das hat der eine oder andere User auch für sich erkannt.

Für David war ich die Einzige, der er sich anvertrauen konnte. Das einzige weibliche Wesen, mit dem er seine sexuellen Lüste teilen konnte. David war das, was man als absoluten Einzelgänger bezeichnen würde. Er verbrachte die meiste Zeit allein daheim, meistens vorm Rechner. Immerhin hatte er einen festen Job. Er arbeitete im Einzelhandel und hatte dadurch eine Tagesstruktur und einen Alltag, von dem er mir auch gern erzählte. Nach eigenen Angaben war er Anfang dreißig und liebte Techno-Musik, zu der er allein zu Hause ein bisschen herumwackelte. Oder auch allein in die Disco ging. Heartbreaking, ich weiß! David hatte keine Freunde und er hatte auch keine Freundin.

Und jetzt kommt's: Wasserbälle waren seine Freundinnen. Und das Objekt seiner sexuellen Begierde. Genau, ein ganz klassischer, handelsüblicher Wasserball, mit dem man im Pool planscht. Groß und bunt, er hatte an die 30 Stück davon daheim. Das war der Ersatz für eine Sexualpartnerin, und ich lebte diese Sehnsucht mit ihm aus. David hat eine sogenannte Objektophilie. Wer das hat, der steht auf Sachen, tote Gegenstände also. David hatte noch nie in seinem Leben eine echte Freundin aus Fleisch und Blut, niemanden, mit dem er Zärtlichkeiten oder Körperflüssigkeiten austauschen konnte. Als er die ersten Male zu mir in die Cam kam, schrieb er mir, dass er im echten Leben zu schüchtern ist, eine Frau anzusprechen. Aber über mich hätte er ja über Instagram so viel erfahren können. Erst schrieben wir und irgendwann sprachen wir auch. So, dass ich David dann auch sehen konnte.

Er war ein schmächtiger Kerl, dessen Augen ich das erste Mal leuchten sah und die Mundwinkel ein Lächeln andeuteten, als er mir seine Bälle-Sammlung zeigte. In unseren ersten Stunden, da blies er die Bälle immer noch auf. Das ging aber natürlich auf die Zeit und damit auch auf seine Dirty Coins. Weshalb ich ihm den Tipp gab, sich und die Bälle vorzubereiten, bevor er online käme. Sodass wir uns dann voll und ganz seiner Begierde hingeben konnten. Jetzt wollt ihr sicherlich wissen, wie das geht. Sex mit einem Wasserball. Na ja, einige von euch können sich vielleicht an die peinliche Inflagranti-Szene aus »American Pie« und dem Apfelkuchen-Sex erinnern. Wenn das geht, warum sollte man nicht auf einen Ball onanieren können. Natürlich geht das.

Während unserer Sessions trug ich Dessous. Das tat ich aber, weil ich mich gern vor der Cam sexy anziehe. Aber David stellte keine Forderungen, er wollte auch nicht, dass ich mich anfasse. Ich sollte ihm nur zusehen und ihm verbale Bestätigung geben. Meistens einigten wir uns auf zwei Bälle aus seinem Fundus, auf die er abspritzen wollte. Die hatten keine Namen, aber jeder Ball hatte ein anderes Muster, eine andere Farbe. Das machte sie einzigartig. Ich machte mir Notizen, welcher Ball, wann zum Einsatz kam. Denn er hatte ja eine große Auswahl und jeder war für ihn anders, war für ihn wertvoll. Seine Freundinnen, wie er ja zu sagen pflegte. Dann legte sich David nackt auf die Ersatzfreundin in Form eines Balles und fing an, sich daran zu reiben. Es erregte ihn immens, sein Penis erigierte sofort bei dem Kontakt mit dem Ball! Davids Kopf wurde rot und seine kleinen Augen presste er fest zusammen. Er schwitzte durch die Erregung und das Herumgeschuppere auf dem Ball. Der Ablauf war immer der gleiche. Irgendwann, wenn sein Kopf richtig knallrot war, dann schrie er. »Ich komme gleich!« Ich feuerte ihn ein bisschen an, immer so, wie er es sich wünschte. Mal reichte ein »Oh, das ist wirklich ein geiler Ball!«. Ein anderes Mal wollte er dann aber auch schon mal hören: »Fick sie durch, noch härter!« Das Allerwichtigste war ihm, wie so vielen anderen auch, dass ich ihn nicht auslache und ihn und seine Lust ernst nehme. Wenn er fertig war, dann ejakulierte er lustvoll auf den Ball. Danach wischte er den Klecks mit einem in Griffweite gelegten Haushaltstuch ab und bedankte sich bei mir. Manchmal erzählte mir David, dass er, bevor er zu mir in die Cam kam, schon dreimal masturbiert hatte. Einfach weil ihn die Vorstellung auf die Session mit mir und den Bällen schon so anmachte.

Es gibt User, denen schreibe ich auch auf Instagram und habe auch dort ein Ohr für sie. Das sind aber ganz besondere Einzelfälle, denn wenn ich jedem der 100 000 User schreibe, dann komme ich zu nichts anderem mehr. David war aber jemand, dem die Sessions nicht reichten. Er brauchte wirklich die Nähe und den Kontakt. Und auch oft Zuspruch. Da ich keine User-Treffen mache, fieberte er auf die Venus hin. Europas größte Erotik-Messe. Er hatte einen unglaublichen Aufwand betrieben, um zu dieser Messe reisen zu können. Aber er wollte mich unbedingt sehen und mir Geschenke überreichen. Der arme Tropf kam aber nicht mit den Geschenken durch die Security. Weshalb er mich dann kontaktierte, ob ich zum Einlass kommen könnte. Dort angekommen, bestätigte ich der Security, dass es sich um Geschenke für mich handelte. David hatte mir Kuscheltiere und Süßigkeiten eingepackt. Dann durfte er bockstolz den Eingang passieren. Ich nahm ihn mit zu meinem Messe-Stand. Und da stand er dann vor mir und sprach so leise, dass ich kaum ein Wort verstand. Umso länger ich mir seine Gestalt ansah, desto klarer wurde mir auch seine Problematik, eine Frau zu finden. Er war einfach so schüchtern, dass er fast unsichtbar erschien. Wir machten ein paar Fotos zur Erinnerung für ihn. Bei der Verabschiedung sagte er mir, dass er sich immer total gefreut hatte, wenn ich mir in der Cam immer alle Wasserbälle merken konnte. Jeder war für ihn einzigartig.

Die Show muss natürlich auch nach so einer Begegnung für mich als gebuchter Pornostar dann vor Ort weitergehen. Ich kann dann ja nicht ins Grübeln kommen oder über Last, Lust und Mitleid sinnieren. Dafür ist so eine Sexmesse auch nicht der richtige Ort. Aber es sind Erinnerungen, die nachhallen. Und was bleibt, ist für mich eine ganz wichtige Erkenntnis: Dieser neue Job hier, der öffnet mir den Blick auf sexuelle Bedürfnisse und Wünsche - und auf die tiefe Einsamkeit vieler Menschen.

Nachhilfe vom Pornostar: Vorbereitung ist das A(nal) und O. So geht Analsex richtig!

Es ist die wohl am meisten gesuchte Sexpraktik auf Pornoseiten. Eine Vorliebe, die neben Füßen in der Cam am meisten gefragt ist, und doch wissen die Allermeisten so wahnsinnig wenig darüber. Wie oft habe ich in der Webcam schon gehört: »Zeig mir mal anal!« oder »Kannst du den größten Dildo, den du hast, da reinstecken?«

* * *

Und was meint ihr, wie oft musste ich die Männer dann enttäuschen? Ständig! Denn anale Sexpraktiken oder Analsex bedürfen einer intensiven und zeitaufwendigen Vorbereitung. Lasst uns deswegen einmal schnell das Anatomische unter die Lupe nehmen.

* * *

Der After ist ein Schließmuskel und er hat nicht die tollen Eigenschaften wie eine Vagina, da es keine Drüsen gibt, die Sekret absondern, die für Feuchtigkeit sorgen. Das erste Hindernis lautet demnach: Es gibt kein natürliches Gleitmittel. Das Rektum mündet vereinfacht gesprochen über den After nach außen. Dieser Abschnitt ist trocken und dünnhäutig und der Schließmuskel muss vor Sexspielchen gedehnt werden. Das ist auch kein Spaß, denn ihr könnt euch sonst ernsthafte Verletzungen zuziehen. Also wer es rabiat angeht, der kann seiner Partnerin im schlimmsten Fall eine Analfissur zufügen oder eine dauerhafte Schließmuskellockerung, die zu einer Analinkontinenz führen kann. Bedeutet: Der- oder diejenige kann dann keinen Stuhlgang mehr im Enddarm halten. Schlimme Vorstellung, wie ich finde. Ebenso kann ein unvorsichtiges Vorgehen zu einem Analprolaps führen. Was so viel bedeutet wie, dass sich der Darm nach außen stülpt. So, genug der Horror-Szenarien. Ich wollte euch nur einmal die Tatsachen aufzeigen.

* * *

Jetzt vielleicht mal etwas Grundsätzliches: Wenn ihr euch gedanklich mit dem Thema Analsex beschäftigt und das als Paar ausprobieren wollt, dann macht euch bewusst, dass aus dem After Geräusche oder Gerüche oder aber auch Kot entweichen können. Es ist nun mal das Arschloch! Damit es Spaß bringt, sich gut anfühlt und clean bleibt, befolgt bitte meinen kleinen Fahrplan hier: Benutzt bitte ein Gleitmittel auf Öl- oder Silikonbasis und nicht auf Wasserbasis, da Letzteres zu schnell einzieht. Ihr braucht es ja aber die ganze Zeit schön flutschig und gleitfähig für einen Penis oder Dildo.

* * *

Da ich davon ausgehe, dass ihr bei eurem (ersten) Analsex keine braune Überraschung haben wollt, macht bitte eine kleine Analspülung. Mit einer sogenannten Analdusche, die aussieht wie ein Blasebalg, macht ihr sozusagen den Po von innen sauber. Dazu lasst ihr bitte zunächst lauwarmes Wasser in das Waschbecken einlaufen und befüllt den Blasebalg mit Wasser. Durch den Unterdruck saugt der sich voll. Dann legt ihr euch am besten auf dem Badezimmerboden auf den Rücken und führt die Spitze des Blasebalgs mit Gleitgel ein. Legt euch ein Handtuch unter und entspannt euch, damit der Schließmuskel und der Darm auch locker sind. Jetzt könnt ihr den Blasebalg vorsichtig zusammendrücken, damit die Flüssigkeit in den Enddarm fließen kann. Achtung! Lasst das Ding gedrückt, sonst fließt das Wasser samt Kot zurück. Und noch ein Tipp für diejenigen, die meinen, die Badewanne könnte auch ein guter Ort sein. Nein, ist er nicht! Ich habe es mal ausprobiert und dann saß ich da unfreiwillig und badend in meiner braunen Suppe.

* * *

Gut, wir waren beim Gedrückthalten der Analdusche. Begebt euch in die linke Seitenlage, weil Darmschlingen links herum bei uns im Körper verlaufen und die Peristaltik hilft bei der hier herbeigeführten Entleerung. Spannt dabei schön den Schließmuskel an, damit ihr das Wasser auch gut im Enddarm halten könnt. Haltet so einen Moment an und geht aufs Klo, um euren Darm zu entleeren. Das macht ihr so lange, bis das Wasser in der Toilette ohne braune Stückchen ist. Anschließend könnt ihr beginnen, den Po mit kleinen Analplugs zu dehnen. Ihr könnt den Analplug auch erst einmal in das normale Sexspiel einbauen und als Vorstufe den Finger benutzen. Auch damit kann man vorsichtig den Schließmuskel dehnen. Steigert euch, bevor es zum Verkehr kommt, am besten nach einem Analplug mit einem Dildo. Wirklich erst dann sollten der Penis und die Penetration damit zum Einsatz kommen.

* * *

Ihr seht: Es sind eine Reihe an Vorbereitungen zu treffen, bis es wirklich zum Analsex kommen sollte. Nehmt dabei auch keine Pornofilme als Vorbild, denn die Filme sind geschnitten, die Darstellerinnen haben Übung und das Vordehnen ist nicht Teil des Films. Ich weiß, wovon ich spreche.

* * *

Wir haben jetzt Verletzungen durchgesprochen und die Gefahr der Kot-Malheure. Gehen wir einen Schritt weiter. Immer wieder gern findet man in der Porno-Verschlagwortung den Ass-to-mouth-Kram. Das bedeutet so viel wie, dass der Penis nach dem Analverkehr geblasen wird. Eine der Hauptbedingungen dafür ist, dass es vorher eine Analdusche gab. Und liebe Ladys, nach dem Analverkehr nicht direkt in die Vagina. Das kann zu einer der häufigsten bakteriellen Scheideninfektion führen: Der sehr unangenehmen Pilzinfektion, die auch durch Koli-Bakterien verursacht werden kann. Wenn ihr Pornos seht, in denen es vom Po direkt in die Pussy geht, dann wurde da sicherlich gut im Film geschnitten.

* * *

Ein auch oft benutztes Pornoseiten-Schlagwort ist das sogenannte Rimming. Was so viel bedeutet wie, dass man Zungenverkehr mit dem Po-Loch hat. Klar, das muss man mögen. Und meistens mag Mann das. Das ist zumindest meine Feststellung in der Cam. Einige Männer wollen das selbst machen, andere lassen sich auch gern den After oder den Damm mit der Zunge verwöhnen. Wer auf solche Spielchen steht, dem rate ich, dass alles clean sein sollte und das beide, aber wirklich ausdrücklich beide Gefallen an Rimming haben!

* * *

Zu guter Letzt und weil sich in diesem Crashkurs alles um unseren wundervollen Schließmuskel dreht, nehme ich mir noch mal die Prostata-Massage vor. Viele Männer gehen wegen dieser Praktik extra zu Sexworkerinnen, weil sie sich nicht trauen, ihre Liebste daheim zu fragen. Dabei ist es total nachvollziehbar, dass Männer das reizvoll finden. Man kann ihn nämlich mit einer gelungenen Prostata-Massage zum Ejakulieren bringen, ganz ohne seinen Penis anzufassen.

* * *

Das geht wie folgt: Ihr dringt mit einem oder zwei Fingern in seinen After ein und sucht nach der Prostata. Führt dabei den Finger senkrecht ein, bis es nicht mehr weitergeht. Dann beginnt ihr mit ganz sanften massierenden Bewegungen. Schiebt den Finger hinein und zieht ihn wieder raus. Erstaunlich viele Hetero-Männer stehen darauf, aber haben es sich Jahre zuvor nie getraut auszuprobieren. Wenn ihr euch als Frau unsicher seid, könnt ihr es auch während eines Blowjobs vorsichtig ausprobieren, den Finger Richtung Damm zu schieben. Dort berührt ihr ihn erst einmal vorsichtig. Wenn er erschrocken ist, dann lasst es besser bleiben. Und sprecht das in einem ruhigen Moment noch einmal an. Wenn du als Frau aber merkst, dass ihm das vorsichtige Herantasten gefällt, dann führe den Finger vorsichtig ein. Wichtig ist hierbei: keine langen Fingernägel. Falls du aber welche hast, dann solltest du Fingerlinge für die Prostata-Massage benutzen.

* * *

Jetzt wisst ihr, welche Grenzen und Möglichkeiten es gibt. Und dass der Po eine echte Sonderbehandlung braucht. Wenn ihr euch aber die Zeit dafür nehmt, dann ist es eine tolle und heiße Erfahrung und ich würde sagen: Hallöchen Popöchen!

* * *

Plötzlich Pornostar

MEINE ERSTE »VENUS« – DIE OSCARS DER EROTIKBRANCHE

Ich drehte seit knapp einem Jahr hauptberuflich Pornos und saß fleißig vor der Webcam. Schob eine 60 Stunden Woche und arbeitete unermüdlich an meinem Erfolg. Und den kann man im Pornobusiness nur mit Kontinuität und Kreativität erreichen. Was ich damit sagen will, ist, dass es natürlich viele junge Frauen auf dem Portal versucht haben. Aber die meisten lassen dann nach kurzem Erfolg nach. Sie kommen nicht mehr oder nur unregelmäßig in die Webcam oder laden nur unregelmäßig neue Pornos hoch. Investieren nicht in Technik oder verzichten darauf, sich in Video-Schnitt-Programme reinzuarbeiten.

So viele Mädels, wie ich sie als Neuzugänge kommen sah, so viele gingen auch wieder. Und dann gab es da natürlich noch die Stars der Szene. Frauen, zu denen man aufschaute, die überall in den Portal-Rankings führend waren oder einen sogenannten Exklusiv-Vertrag hatten. Frauen, die inzwischen einen luxuriösen

Lebensstil hatten, auswanderten oder sich die fettesten Autos kaufen konnten. Diejenigen, die ihr Leben auch auf Social Media zeigten, da konnte man den Erfolg gut verfolgen. Dieser begehrte Vertrag ermöglichte den Darstellerinnen, sich bessere Prozente zu sichern. Mit so einem Exklusiv-Vertrag hatte man auf dem Portal, auf dem ich arbeitete, die Möglichkeit, mehr als 25 Prozent vom großen Kuchen abzubekommen. Das macht schon eine Menge aus. Da wollte ich auch hin! Und das lag ganz allein bei mir, ich konnte es steuern. Ohne dass ein Mann daran mitverdiente oder mir reinredete.

Für die erfolgreichen Amateur-Darstellerinnen auf dem Portal war die Einladung zu der Erotik-Messe »Venus« etwas ganz Normales. Für mich war es der Ritterschlag schlechthin. Zumal ich der Einladung eben ohne Mann, also ohne Partner, folgte. In der Amateur-Szene ist es eigentlich Standard, dass die Darstellerin von einem Mann begleitet wird. Meistens ist der dazugehörige Partner auch der Drehpartner, der Manager. Manchmal auch der Strippenzieher. So packte ich also meine Koffer, um meine ersten Erfahrungen auf der viertägigen »Venus« zu sammeln. Endlich konnte ich mein Cam-Zimmer verlassen und sollte auf der Messe alles bezahlt bekommen. Eine Riesennummer für mich, ein Megaausflug in eine ganz andere, mir unbekannte Welt.

Glücklicherweise begleitete mich meine beste Freundin nach Berlin. Echt eine coole Sau, dass sie sich auf das Abenteuer mit mir eingelassen hat. Ich wusste überhaupt nicht, was mich dort erwartete. Ich bekam lediglich den Hinweis, dass ich mich sexy anziehen sollte. An Dessous habe ich damals allerdings noch nicht gedacht. Also zog ich einen schwarzen, knappen, mit Nieten besetzten BH an und eine rote Lackhose. Später sollte ich noch merken, dass das ein ganz schön zurückhaltendes Outfit war. Denn für gewöhnlich stehen die Amateurinnen auf der Venus in Dessous am Stand. Sehr zur Freude der Messe-Besucher.

Als ich bei der Messe ankam, erhielt ich vom Chef der Marketingabteilung des Portals beinahe kommentarlos meinen Messe-Ausweis und damit zogen wir an Hunderten von Besuchern und der Presse vorbei. Dann wurde die Messe von Prominenten feierlich eröffnet, alle Fotografen stürzten sich darauf. Micaela Schäfer war damals auch dabei, sie war ja ziemlich bekannt in den Medien. Als Erotik-Model, aus verschiedenen Reality-Formaten und Social Media. Für mich war sie ein Star, ganz klar. Ich hätte an dem Tag nie gedacht, dass ich eines Tages mal mit ihr die Messe eröffnen würde. Das war zu dem Zeitpunkt noch undenkbar.

Überall war roter Teppich, für mich war das faszinierend. Einige Besucher waren im Latex-Look, andere waren in einer Fetisch-Halle splitterfasernackt oder mit Vorhaut-Piercing unterwegs. Einfach so. Alles, was ich bisher im stillen Kämmerlein so trieb, wurde hier gelebt und richtig zelebriert. Sex, Erotik und Porno waren hier salonfähig und etwas ganz Normales. Ich wusste rein gar nichts von der Szene. Als ich durch die Hallen ging, sah ich Namen, Marken und Sexportale, die mir zu dem Zeitpunkt nichts sagten. Und dann erblickte ich ihn: meinen eigenen Stand, mit einem riesigen Banner von mir, mit meinem Namen und Hunderten von Autogramm-Karten, die auf dem Tresen lagen. Hier sollte ich an den nächsten Tagen fast eintausend Autogramme schreiben und Fotos mit Fans machen. Ich? Ich meine, ich war doch zu dem Zeitpunkt ein kleines Licht und ich sah mich auch so. Aber bei dem Anblick des Standes habe ich mich megagroß und wichtig gefühlt. Aber: Jetzt wollen wir das Ganze natürlich nicht durchromantisieren. Denn das ist ein Job und der hat nicht nur glamouröse Seiten.

Vier Tage am Stück stand ich an meinem Stand auf High Heels und konnte die Blasen an meinen Füßen am Ende kaum noch zählen. Ebenso wenig wie die Fotos und das Getatsche. Wir hatten zwei, drei eigene Securitys in unserer Nähe, die auch zum Einsatz kommen mussten. Gleich am ersten Tag grapschte mir ein Typ unverhohlen und ziemlich derb in den Schritt. Einer der Securitys sah das und warf den Besucher zum Glück von der Messe. Ansonsten war die Venus das große Get togehter der Hardcore-Fans. Auf diese Tage warten Fans und User ein Jahr lang. Fiebern darauf hin, haben weite Anreisen, nehmen sich Urlaub und sparen dafür zum Teil Monate. Nur um ihren Amateur-Pornostars nahe zu sein, ein Foto zu ergattern. Und sich darauf dann, aller Wahrscheinlichkeit nach, zu Hause einen runterzuholen.

Ich gab also fleißig Autogramme und poste für Fotos. Nach den ersten 11 Stunden auf der Messe musste ich mich erst einmal lange abduschen. Man muss die Dinge beim Namen nennen. Da kommen ja nicht nur Topmodels, die einen umarmen, einen anfassen und auch Küsschen verteilen. Da kommen Männer, die in der Cam die wildesten Sachen machen und die stehen dann vor einem. Und da ist dann plötzlich kein Bildschirm mehr dazwischen, der einem die sichere Distanz gibt. Nicht selten, wenn einem die Männer zu nahe kommen, dann merkt man, dass die aus dem Mund riechen, oder nach Schweiß, vor lauter Pheromone und Stress wahrscheinlich. Da gab es einen ganz ulkigen Fan und Besucher, der einen Gang wie ein Pinguin hatte und mehrfach am Tag nach einem Foto fragte. Nach dem zehnten Mal bat ich ihn, es gut sein zu lassen. Der trug an Tag vier die gleichen Klamotten wie an Tag eins. Und so roch er auch. Es gibt halt auf der »Venus« für die Besucher keinen Dresscode. Come as you are. Dann haben die Klamotten schon mal Löcher und Flecken. Viele der Messe-Besucher sind wie richtige Gaffer. Sobald eine Frau blankzieht, und das passiert dort ja sehr oft, werden die Handys rausgeholt. Bei den Dildo-Shows, die dort auf der Bühne von einigen Darstellerinnen gemacht wurden, zoomten die Typen direkt in den Schritt hinein. Umso näher, desto besser. Einige Typen sind dann richtig im Foto-Wahn.

Junge Amateurinnen können noch nicht zwischen Messe-Besuchern und den Presse-Leuten unterscheiden. Gefühlt bekam da jeder Besucher mit einer etwas besseren Kamera einen Presseausweis. Ich habe einige noch unerfahrene Amateurinnen beobachtet, die dann sofort den BH lupften, wenn so jemand vor ihnen stand. Abgesehen von der geruchlichen Lage, kommen da natürlich aber immer wieder total liebe Typen und Fans vorbei. Na gut: lieb und schräg. Normal gibt es da eigentlich nicht.

Zum Beispiel der »Slide Jimmy«, so nannte er sich als User auf dem Portal. Ein großer Mann, Typ Teddybär. Zottelig, tapsig und jobbte in einer Autowaschanlage. »Slide Jimmy« war Dauer-Single, dauergeil und ein intensiver Pornokonsument. Er erzählte mir an meinem Stand immer, dass er noch auf den passenden Deckel wartet. Das sagte er so, als wären da schon viele Beziehungen in seinem Leben gewesen. Ich war eher der Meinung, dass da nichts war und auch erst mal nichts kommt. Zumal seine Ansprüche an die Frau auch nicht gerade niedrig waren. Die sollte schon so aussehen wie eine von uns Amateur-Darstellerinnen, und keinen Deut anders. Auf jeden Fall präsentierte er mir dann noch ein Foto seines neuen Autos. Eigentlich rechnet man dann ja mit einem sportlichen Flitzer, wenn jemand schon so prahlt. Aber es war einfach ein piefiger Kombi, eine Familienkutsche, vor der er sich splitterfasernackt präsentierte. Er erzählte mir, dass er damit allein in den Wald fährt und sich nackt im Auto einen runterholt.

Jetzt erlebte ich das, was ich normalerweise in der Cam erlebte, live und in Farbe. Und für viele war ich ja hier auch quasi zum Anfassen. Oder ein anderer Besucher, der sich auf dem Webcam-Portal, auf dem ich angemeldet war, »Hot Wheeli« nannte. Der raste mit seinem Gehwagen über die Messe. Er brauchte ihn, weil er mit 44 Jahren bereits Frührentner war. »Ich hab Bandscheibe«, hatte er mir mal erzählt. Ich denke, Bandscheibe plus 120 Kilo zu viel auf den Rippen. Ich erinnerte mich an ihn noch aus der Cam. Der schickte immer Fotos aus der Badewanne, in der er stundenlang planschte. »Hot Wheeli« hatte durch seinen Gehwagen die perfekte Höhe, um mit seiner Hand direkt auf den Po-Backen zu landen, wenn er an den Messestand angerauscht kam. Dann fuhr er die Messe wie Loopings ab und hatte so Men-in-black-mäßig schon wieder vergessen, dass ich seine Hand vor fünf Minuten von meiner Hüfte gepult hatte. Das ging den ganzen Tag so.

Einige Typen stellten sich einfach neben mich und bekamen den Mund nicht auf, andere fragten, ob sie mich mal ganz feste drücken dürfen. Alles, was ich auf meiner ersten »Venus« erlebt habe, reicht, um zu verstehen, wie so eine Erotik-Messe abläuft: Für die Fans da sein, dabei das richtige Maß finden, Netzwerken und die eigene Reichweite steigern. Und natürlich kann man an seinem Stand auch noch die eigenen Merchandise-Artikel aus dem Online-Shop verkaufen. Darum ging es. Und natürlich vier Tage die Zähne feste zusammenbeißen. Trotz all der Kuriositäten, liebe ich die Venus. Es ist für mich wie eine große Party, auf der man die anderen Darstellerinnen auch mal live sieht. Und es ist ein Ort, an dem ich meine Fans auf neutralem Boden treffen kann. Dort wird mir immer wieder bewusst und ich kann es gar nicht glauben, dass all die Leute meinetwegen für ein Autogramm Schlange stehen. Um ein bisschen mehr von mir zu zeigen, entschloss ich mich, auch auf eine der Performance-Bühnen zu gehen. Ich hatte mir ein wenig Mut angetrunken, denn Alkohol gab es für uns Amateur-Darstellerinnen in rauen Mengen. Für eine Dildo-Show war ich zu schüchtern und würde es auch heute nicht tun. Ich entschied mich, einfach auf der Bühne einen lässigen Strip hinzulegen und mit einer anderen Amateur-Darstellerin eine kleine Lesben-Show darzubieten. Ich zog mich bis auf den Slip aus und züngelte und fummelte mit der anderen Darstellerin ein wenig herum. Das kam gut an und mich kannten nun ein paar Messebesucher mehr.

Und dann geschah nach vier langen, intensiven und kuriosen Messetagen das, was meiner Pornokarriere einen fetten Booster verpasste: Ich bekam von dem Portal, auf dem ich als Hanna Secret angemeldet war, einen Exklusiv-Vertrag angeboten. Das war jetzt mein Karriere-Intro. Fehlte nur noch der rote Teppich. Auf den musste ich allerdings noch zwei Jahre warten …

PREISVERDÄCHTIG

Nach der ersten »Venus« folgten zwei weitere. Aus mir, dem kleinen Webcam-Girl, wurde in der Zeit ein richtiger Shootingstar. Ja, das gibt es nicht nur im Musik-Business oder in der Model-Szene, sondern auch in der Erotik-Branche! Es fällt nur diejenige auf, die die am besten verkauften Pornos produziert. Eben nur ohne große Maschinerie im Hintergrund, sondern alles in Personalunion. In dem Fall meine Wenigkeit. Amateur-Style halt.

Inzwischen ging ich deutlich gelassener auf die »Venus«, ich kannte viele Gesichter und Promis in der Szene. In meinem dritten »Venus«-Jahr 2019 hatte ich schon mehrere Begegnungen mit Micaela Schäfer. Inzwischen kannten wir einander ganz gut, da wir uns auf einem Shooting für das Portal, auf dem ich arbeitete, näher kennenlernten. Natürlich war ich bei der ersten Begegnung mit ihr aufgeregt. Sie hatte, als ich sie das erste Mal auf der »Venus« sah, Musik aufgelegt und war umringt von der Presse. Die Medien gaben ihr in den letzten Jahren den Namen »Nacktschnecke«. Vielleicht kennt der eine oder andere sie auch wegen ihrer herzförmigen Brustwarzen, die sie sich so hat pigmentieren lassen. Ich fand sie einfach mega.

Auf eine der drei »Venus«-Messen schaute ich mal in der »Kinky-Hall« vorbei. Da gab es so crazy Fetischkram, wie zum Beispiel Gasmasken oder Menschen mit Pferdekostümen. Und da stand ich dann vor Micaela Schäfers Pussy-Abdruck in Wandgröße. Das war Werbung für ihr eigenes Sextoy. Einem ihrer Vagina nachempfundenden Masturbator. Ein Toy, mit dem man als Mann Sex haben kann. So vielfältig kann also Vermarktung sein, dachte ich.

Die »Venus« ist ein bisschen so wie der »Oscar« der Erotik-Branche. Wer kennt wen, wer ist neu im Game und mit wem lässt sich Geld verdienen. Auf meiner zweiten »Venus« im Jahr 2018 habe ich den Youtuber Aaron Troschke kennengelernt. Wer ihn nicht von Youtube kennt, kennt ihn vielleicht aus dem Sat.1 Reality-Format »Promi Big Brother« oder aus der RTL-Show »Wer wird Millionär?«, bei der Aaron 125 000 Euro abräumte. Ich kannte ihn auch durch weitere TV-Auftritte und lernte ihn dann auf der After-Show-Party kennen. Da stand er auf einmal vor mir und fing an, mich in ein Interview zu verwickeln. Dabei nahm er uns Amateurinnen auch ein wenig auf die Schippe, das war und ist sein Stil für sein Youtube-Format. Aaron gehört einfach zur »Venus« dazu. Man kauft ihm seinen Quatsch in den Videos einfach ab, weil er die Szene so charmant auf den Arm nimmt. Außerdem hatte er dort immer den Blick für die User, die er natürlich ebenso auf den Arm nahm. So, wie es sich sonst kein anderer trauen würde.

Ich lernte aber auf den Messen auch weitere Personen des öffentlichen Lebens kennen. Leute, die ich hier nicht namentlich benennen kann, weil sie dort auch eher unter dem Radar fliegen wollten.

An dem ersten Gala-Abend der »Venus« 2019 sollte es dann so weit sein. Mein Portal bereitete mich vor der Anreise bereits ein wenig darauf vor, dass ich mit einem Preis, einer Auszeichnung, rechnen könnte. Das war eine unglaubliche Message. Ich hätte vor Vorfreude und Stolz platzen können. Damit ich dann für den Fall der Fälle eine gute optische Performance hinlegte, kaufte ich mir ein langes rotes und vor allem sehr teures Ballkleid. An diesem Abend warteten also tatsächlich ein roter Teppich und die große Bühne auf mich.

Nach einer langen Messe-Schicht flitzte ich ins Hotel, machte mich frisch und enterte dann diesen riesigen Saal mit geladenen Gästen und lauter bekannten Gesichtern. Nach dem Drei-Gänge-Menü und einem Showprogramm wurden dann die Nominierten in den verschiedenen Kategorien aufgerufen. Dann fiel tatsächlich nach einer gefühlten Ewigkeit mein Name: »Hanna Secret – bestes Amateur-Girl des Jahres!« Auf der großen Leinwand hinter dem Moderator, der übrigens mal Kandidat des »RTL-Dschungel-Camp« war, lief ein Film von mir. Ein Zusammenschnitt von Szenen aus einem Shooting.

Was soll ich sagen, ich war einfach nur überwältigt. Dass ich aus einer mehr oder weniger Schnapsidee in weniger als zwei Jahren zu einem preisgekrönten Pornostar wurde. Ich tippelte zur Bühne, jeder Schritt ein Fortschritt in Sachen nicht Umkippen auf meinen mega High Heels. Dann nahm ich mit feuchten Händen meinen Erotik-Oscar entgegen und musste eine kurze Dankesrede halten. Ich hielt es kurz und bedankte mich in wenigen Sätzen bei dem Portal und schob mich vorsichtig von der Bühne hinunter. Ich war jetzt preisgekrönt! Eine zertifizierte Amateur-Darstellerin sozusagen. Ich hatte den Pokal, der für alle Frauen aus der Branche immer so unendlich wichtig war – den Venus-Award!

Für die Hardcore-Fans war so eine Auszeichnung fast so, als hätten sie ihn selbst gewonnen. Am nächsten Tag der Preisverleihung stellte ich mich mit dem Ding an meinen Messestand und wurde von Kameras und Handys der Fans belagert. Jeder wollte ein Foto von mir und dem Pokal. Auf dem Hotelzimmer habe ich meinen Pokal erst mal eine Runde einshampooniert.

Ein weiterer Karriere-Hammer war, dass ich vom Webcam-Portal inzwischen zur Markenbotschafterin ernannt wurde. Das bedeutet, dass ich das Portal als Aushängeschild überall auf öffentlichen Veranstaltungen präsentierte und auch online in einem pornofreien Umfeld. Die Pornfluencerin war geboren.

USER NIELS: MIKROKOSMOS IN DER HOSE

Nicht jeder meiner User hat mich über Pornoplattformen gefunden. Manche dümpeln mit ihren Sehnsüchten auch so im Netz herum, schauen Pornos an, finden aber keinen Adressaten oder gar Verbündeten. Solche Menschen sind lost und wissen auch nicht, wem sie sich anvertrauen können. Niels war zum Beispiel so einer. Er erzählte mir, dass er mir auf Instagram folgt und sich immer wieder meine Instagram-Stories ansah. Irgendwie löste ich in ihm aus, dass man mir vertrauen könne. Zu einer Prostituierten hätte sich Niels nie getraut, sagte er mir in unserem ersten Chat. Es wäre einfach zu »schlimm«, schrieb er. Wie schlimm muss das wohl sein, was er sich wünscht, dachte ich. Denn allmählich hatte ich doch jetzt schon so einige Absurditäten durch.

Niels war nach eigenen Angaben 40 Jahre alt und arbeitete im Handwerk. Genau genommen als Dachdecker. Ein Typ also mit Muskeln, einer der anpackt, der draufhaut und das in einer Branche, in der es an machohaften Sprüchen mit Sicherheit nicht mangelt. Und einer, bei dem das Thema Schwanzvergleich am Pissoir gewaltig in die Hose gehen würde. Ich will euch nicht auf die Folter spannen, ihr wisst, worum es geht: Es geht hier um einen kleinen Schwanz. Den kleinsten Schwanz, den ich je in meinem Leben gesehen habe. In real, am Bildschirm oder in sonst wie existierenden Bewegtbildaufnahmen. Ich war geschockt, als ich Niels' kleinen Penis das erste Mal in der Cam sah. Er glich einem Daumen – im erigierten Zustand. Als Niels sich mir in der Cam offenbarte, zeigte er auch sein Gesicht. Das ist meistens auch ein Zeichen, dass die Männer rein gar nichts mehr zu verheimlichen, vielleicht auch zu verlieren haben.

Niels erzählte mir in den ersten Stunden des Kennenlernens, dass er das letzte Mal vor vier Jahren ein Date hatte. Danach hat er das Thema Daten für sich abgehakt, weil es am Ende ja dann immer doch rauskommt: der Mini-Schwanz. Die Endgeisterung der Frauen, das Gelächter und schlussendlich die Flucht der Damen. Er erzählte mir, dass er sich so geschämt hätte in all den Jahren. Jede Ausrede, warum es gerade nicht intim werden konnte, hat er sich einfallen lassen. Von Todesfällen in der Familie bis hin zu wichtigen Medikamenten, die er sich just in dem Moment besorgen müsse. Traurige Story, ein echtes menschliches Schicksal. Ich habe selten einen Kloß im Hals, wenn ich chatte, muss ich ganz ehrlich sagen. Aber als ich von Niels und seiner Geschichte erfuhr, da war er. Der Kloß im Hals. Er tat mir schrecklich leid. Die Freundin, die Niels vor den unglücklichen Date-Versuchen hatte, die verließ ihn nach sechs Monaten. Svenja hieß sie. Am Anfang tolerierte sie seinen kleinen Schwanz. Aber als der beim Sex immer wieder rausrutschte, weil das Ding ja einfach so unfassbar klein war – ja, da verließ die liebe Svenja ihn.

Danach kam kein weibliches Wesen mehr in sein Leben. Eine Sauna oder Dusche im Schwimmbad hat er noch nie von innen gesehen, schrieb mir Niels. Als Hilfe zur Selbsthilfe suchte er dann in Foren nach Leidensgenossen, wo er dann schließlich auch fündig wurde. Er könne sich demütigen lassen aufgrund seines kleinen Penis und vielleicht über diese Erniedrigung seine Befriedigung erfahren. Gesagt, getan. Männer scheinen, was das angeht, echte Pragmatiker zu sein. Ich spürte ein wenig Erleichterung. Darüber, dass er seinen Weg gefunden hat, mit diesem Schicksal umzugehen. Denn, was ich nicht leisten konnte, war ja wirkliche therapeutische Arbeit.

Die brauchte Niels also nicht, dafür brauchte er Demütigung der Extraklasse. Also fingen wir mit den Spielchen an. Die begannen damit, dass er sich von mir wünschte, dass ich ihn nur noch mit »Stummelchen« ansprechen sollte. Dann machte er mich zu seiner Herrin; was ich anhatte, war völlig egal. Hauptsache, ich war da und erzählte ihm, was für einen unfassbar mickrigen Schwanz er doch hätte. Dass er mich niemals haben könnte mit dem Mini-Würstchen. Über diese Abwertung seiner Selbst empfand er Geilheit. Während seiner Arbeitszeit war er bei dem Gedanken an meine Erniedrigungen dauergeil, schrieb er mir. So rieb er seinen Penis immer in der Hose, mal durch die Hosentasche mit der Hand, mal mit dem Oberschenkel. Drei Jahre lang kam er regelmäßig zu mir in die Cam. Ungefähr einmal in der Woche ließ er sich im immer gleichen Modus Operandi für 20 bis 50 Minuten von mir erniedrigen. Meistens war Niels dann schon vorbereitet und hatte einen Edding parat oder sich damit schon angemalt. Auf seine Brust schrieb er dann in großen Lettern »Looser«, »Stummelchen«, »Herrin Hanna«. Neben dem Edding gehörte ein String-Tanga zu seinem Equipment. Den zog er sich dann falsch herum an und schnürte sich damit den Penis ab, sodass er größer wirkte. Dann sollte ich ihm beim Wichsen zusehen und ohne Unterlass beleidigen. Ihr müsst euch das so vorstellen, dass er dann sein kleines Glied dabei immer in der Hand hielt. Oder besser gesagt, zwischen zwei Fingern. Wichtig war ihm dabei von mir als Auftaktfrage: Wie war dein letzter Sex? Während der Session war es ihm dann wichtig, dass wir schlussendlich zu dem Ergebnis kamen, dass sein Schwanz nur zum Wichsen da war. Abwechselnd hat er sich dann auch selbst beschimpft und sogar darum gebeten, dass ich ihn filmen soll und das ins Netz stellen sollte. Das tat ich natürlich nicht, aber wie groß sein Wunsch nach Outing war, war irgendwie unübersehbar.

Ich habe mal dazu recherchiert, weil ich es mit ihm ja wirklich mit jemandem zu tun hatte, der einfach eine körperliche Anomalie aufwies.

Sein kleiner Penis war sozusagen eine traurige Rarität, eine fiese Laune der Natur. Und es ist tatsächlich ein außergewöhnlicher Fall, denn: Gerade einmal zwei Prozent der Weltbevölkerung leidet unter einem Mikro-Penis. Das bedeutet per Definition, dass, wenn ein Penis kleiner als acht Zentimeter ist, während er erigiert ist, ein Mikro-Penis vorliegt. Niels' Geschichte zeigt, dass er seinen Weg gefunden hat, trotzdem Erregung zu finden. Durch Vertrauen, mit mir als Sexworkerin, Zuhörerin, und wenn es sein muss auch mal als Seelentrösterin. Niels schrieb mir in einer seiner letzten Nachrichten, dass er nicht so viel Geld verdient und sich daher noch nicht so viele Filme von mir downloaden konnte. Wenn er sich aber einen aktuellen gönnt, dann mag er die Clips, in denen man große Penisse sieht. Jene, die mich hart durchnehmen. Freud und Leid liegen, wie ihr sehen könnt, auch hier ganz dicht beieinander.

Nachhilfe vom Pornostar: So kann Mann sie trotz kleinem Penis befriedigen

Vielleicht fangen wir mal bei Adam und Eva an, so sinngemäß. Eva liebt Adam, und zwar vom Scheitel bis zur Sohle, natürlich gehört das gute Stück auch dazu. Aber: Für uns Frauen ist ein Penis nicht das Allerwichtigste. Das ist schon mal die gute und wichtige Nachricht. Und damit können wir vielleicht auch gleich mal mit dem Thema Dick-Pics aufräumen oder euch Männern diese Idee des Versendens dieser furchtbaren Bilder ein wenig entzaubern.

* * *

Denn: Für Frauen ist ein Penis-Foto nur ein Schwanz ohne Körper, und damit auch nicht unbedingt anmachend. Sondern eigentlich eher abstoßend. Sorry, das ist aber so. Für uns Frauen beginnt der Sex im Kopf, wir brauchen Emotionen, und ein Penis allein ist weder erotisch noch anziehend. Und das sage ich euch hier als Pornodarstellerin. Daher, wenn ihr Männer da draußen gut bestückt sein solltet oder das zumindest denkt – trotzdem bitte keine Dick-Pics an die Damenwelt verschicken.

* * *

Jetzt gucken wir uns aber noch mal die Fakten an und auch da möchte ich nichts beschönigen. Es gibt durchaus Operationen, die im Falle eines kleinen Schwanzes zu einem größeren Gemächt verhelfen. Aber man kann nicht einen Penis von 6 bis 8 Zentimeter auf 18 Zentimeter operieren. Ärzte sprechen in der Regel von maximal zwei Zentimetern im Rahmen einer Penisvergrößerung. Klar, die sind wichtig, aber man kann halt keinen neuen Schwanz dorthin operieren. Wer als Mann eher nicht so gut bestückt ist, sollte erst mal das Thema Selbstakzeptanz für sich entdecken. 18 Zentimeter sind weder für die Liebe noch für eine intakte Beziehung der Kit oder das Allheilmittel.

* * *

Zum anderen gibt es noch eine Vielfalt an Möglichkeiten, die Liebste im Bett glücklich zu machen. Hierbei wäre es wichtig, wenn sich wirklich jeder Mann über die Anatomie der Frau informieren würde. Zum Beispiel, wie weit geht die Vagina, wie tief ist die überhaupt? Denn einige Männer denken, sie wäre das schwarze Loch, was nicht endet. Wie oft habe ich im Chat gehört: »Was ist der größte Dildo, den du hast. Kannst du dir den ganz tief reinschieben?« Und ich habe in meinem Sexleben und im Chat schon oft Männer daran erinnern müssen: Alles hat ein Ende, und dann kommt der Muttermund! Der sitzt am Ende der Vagina und mag es gern reinlich, also achtet bitte auf eure Penis-Hygiene. Sonst bekommen wir Ladys leicht eine unschöne Infektion. Der äußere Muttermund ist sozusagen der Pförtner der Gebärmutter. Das ist jetzt zu viel Biologie-Unterricht? Kein Problem, wir fokussieren uns auf die Dinge, die euch Männern helfen können, der Superstar im Bett, Fuckboy oder heißer Loverboy zu sein. Was auch immer ihr davon sein wollt, achtet auf sie, verwöhnt sie.

Denn wenn ihr wisst, wie das weibliche Geschlechtsorgan aufgebaut ist, dann seid ihr einen megagroßen Schritt in Richtung Befriedigung der Frau weiter. Ihr solltet wissen, dass jede Frau äußere und innere Schamlippen hat. Alle vier verfügen über zahlreiche Nervenbahnen, was die Schamlippen wiederum sehr empfindlich macht. Unsere Klitoris ist sogar noch sensibler als eure Eichel. Sie hat rund 8000 Nervenenden, der Penis im Vergleich nur 4000! Daher ist die Klitoris für rund 70 Prozent der weiblichen Orgasmen verantwortlich (!). Was viele nicht wissen: Die Klitoris ist ungefähr 10 Zentimeter lang und ragt in die Vagina hinein. Ein wenig weiter hinten versteckt befindet sich der G-Punkt. Zu dem komme ich aber später, denn das ist etwas für Fortgeschrittene.

* * *

Bevor wir aber an den Praxis-Teil gehen, möchte ich euch ein wichtiges Basic an die Hand geben. Wenn uns Frauen etwas stört, dann können wir nicht kommen. Punkt. Denn Sex fängt bei uns immer im Kopf an und nicht in der Hose. Ein kleines störendes Detail kann uns Frauen beim Fallenlassen total hemmen. Daher: Versucht herauszufinden, ob sich eure Liebste oder euer Date wirklich wohlfühlt. Es müssen keine Rosenblätter sein, aber ein frisch bezogenes Bett, ein paar dezente Lichtquellen im Zimmer und deine volle Aufmerksamkeit können eine perfekte Grundlage bilden.

So, und jetzt kommen wir zum praktischen Teil. Es gibt zwei Wege, die Frau zu befriedigen: vaginal und klitoral. Ich empfehle es klitoral, das ist eine sichere Bank. Benutze doch hierbei gern deine Zunge, aber spiele dabei nicht den Propeller! Sondern lasse die Zunge auf einem Punkt und kreise dort mit leichtem Druck. Aber Achtung: Bitte nicht mit zu viel Sabber, wenn möglich. Ihr müsst aber nicht an der Stelle verharren, sondern dürft auch gern wandern. Zu den inneren und den äußeren Schamlippen. Wenn ihr nicht genau wisst, wie man innere und äußere Schamlippen erkennen kann, dann gebt das mal jetzt schnell bei Google ein. Dort findet ihr jede Menge Zeichnungen und Bilder.

* * *

Jetzt wollt ihr natürlich wissen, ob das, was ihr tut, gut ankommt. Da gibt es auch Signale, die euch das verraten können. Ist eure Liebste oder euer Date feucht und schiebt das Becken nach vorn, dann findet sie gut, was ihr da gerade macht. Wenn sie aber die Beine leicht zusammendrückt und das Becken wegzieht – dann halt, Stopp! Es gefällt ihr dann nicht. Fragt einfach nach, wie sie es gern hätte oder ob ihr etwas falsch macht. Wenn sie dann nach einem neuen Versuch die Augen schließt, ist das ein Zeichen von Entspannung. Ihr solltet kontinuierlich weitermachen, wenn ihr möchtet, dass sie in den nächsten fünf bis zehn Minuten kommt.

Hier gebe ich euch aber noch folgenden Tipp: Wir Frauen merken natürlich, ob ein Mann will, dass wir wirklich kommen. Oder es nur macht, damit er endlich zum Zug und zum Abspritzen kommt. Also: keine Zeit für Egoisten in der Kiste. Ihr wollt die geilen Typen im Bett sein, dann müsst ihr euch auch auf unsere Bedürfnisse einlassen. Wenn sie gekommen ist, wird ihre Pussy noch um einiges feuchter sein und ihre Klitoris wird leicht geschwollen sein. Vorsichtig könnt ihr jetzt auch einen Finger reinstecken. Und wenn ihr dabei ganz aufmerksam seid, dann merkt ihr auch, wie schön der Muttermund ganz weit hinten pulsiert und ein paar Zuckungen von sich gibt! Dann habt ihr es geschafft und ihr dürft gern fragen, ob ihr weitermachen dürft. Jetzt wäre auch ein guter Moment, den Finger und die Zunge kombiniert zu benutzen.

* * *

Aber Vorsicht, das ist eigentlich etwas für die Profi-Liga. Hier macht sich Erfahrung dann bezahlt. Daher, liebe Männer, bitte üben und nochmals üben! Mein Eindruck ist nämlich bisher, dass viele Männer denken, sie könnten es, und machen es aber nach allen Regeln des hier Beschriebenen grundfalsch. Ganz besonders schlimm ist der »Stocherer«, der versucht, möglichst viele Finger auf engstem Raum einzuquetschen und wieder rauszuziehen. Im Highspeed-Tempo versteht sich. Als Frau denkt man bei so einer Erfahrung, puh, das war eine Ausnahme. Leider begegnet einem der »Stocherer« dann doch noch sehr oft. Daher merkt euch bitte, liebe Männer: Weniger ist mehr und ihr gewinnt auch keinen Preis, wenn ihr möglichst viele Finger in unsere Pussy steckt. Ihr seid höchstens ein unterhaltsamer Beitrag auf einem Mädelsabend.

* * *

Zum Schluss möchte ich aber allen ambitionierten Männern da draußen noch kurz eine Wegbeschreibung für den G-Punkt mitgeben. Mann nehme den Zeigefinger, stecke ihn vorsichtig tief hinein. Und jetzt kommt der Geheimtipp! Ihr macht eine langsame »Komm-Her«-Geste bei etwa fünf Zentimetern Tiefe! Da versteckt sich nämlich unser G-Punkt. Die Fläche fühlt sich etwas anders an, ein wenig rauer. Vielleicht ein bisschen so, als würde man mit dem Finger über den Gaumen im Mund fahren. Wenn ihr mit der vorsichtigen »Komm-her«-Geste eine kleine in etwa 2-Euro-Stück raue Fläche erkundet, dann seid ihr genau richtig! Jetzt dürft ihr sie dort vorsichtig stimulieren. Wenn alles nach Plan läuft, bekommst du sie darüber auch schön zum Orgasmus geführt. Probiert es aus und fragt bitte immer, wie es ihr gefällt. Ihr seht, auch mit einem kleinen Schwanz gibt es bombensichere Anleitungen, wie ihr Sie zum Höhepunkt bringt.

Pornfluencerin

MY LIFE AS A PORNSTAR

Die Fans wollten seit der Venus 2019 und dem gewonnenen Award immer mehr. Aber nicht nur Hardcore-Filme, sondern sie wollten mich wirklich kennenlernen. Die Frau hinter den Pornos und den gewagten Solos. Wer bin ich, wie lebe ich, was mache ich, wenn ich keine Pornofilme drehe? Doch wie nur gibt man der Welt da draußen etwas von sich und seinem Leben preis? Na klar. Über Social Media. So wie Millionen andere Menschen ihr Privatestes auch nach außen tragen.

Da mit der Unterschrift meines Exklusiv-Vertrages für das Portal damals ohnehin die Bedingung war, dass ich präsent auf Instagram, Facebook, Twitter & Co. unterwegs bin, meldete ich mich halt überall an. Das Portal hat das natürlich zur Auflage gemacht, damit ich mehr Reichweite generiere. Und ich wollte zeigen, wer hinter den Filmen steckt.

Eine selbstbewusste junge Frau, die liebt, die leidet und bei der natürlich nicht immer alles perfekt läuft.

Ich hatte vorher eigentlich so gut wie kaum Erfahrung mit Social Media und erstellte mir dann einfach auf gut Glück ein Profil. Ich hatte keine Ahnung, was ein Hashtag ist und welche Bilder ich posten kann und welche nicht. Ich musste auf die Richtlinien achten und schnell war der Social-Media-Kram eine Aufgabe, die echter Arbeitszeit entsprach. Aber der Erfolg zahlte sich recht schnell aus.

Meine Followerschaft wuchs rapide. Ich hatte innerhalb weniger Wochen bereits die ersten 20 000 Follower. Und die sind ganz einfach einzuteilen. Die, die erst über Instagram auf mich stießen und dachten: »Oh, die dreht Pornos, das muss ich mir mal ansehen!« Solche Follower haben mich und meine Pornos dann im Internet gesucht. Und die anderen, die kannten mich bereits und wollten so die Frau hinter dem Pornosternchen ganz nah erleben. Ich glaube, dass das auch den großen Reiz der ganzen Amateurszene ausmacht. Den Pornostar zum Anfassen, dem man etwas schreiben oder sogar Geschenke machen kann. Man kann jeden Tag mal reinschauen, was sie so macht. Was sie isst, wie sie lebt. Vielleicht auch mal, wie sie Konflikte austrägt. Ich denke, am Ende des Tages sind wir alle Voyeure, ob mit oder ohne Pornokonsum. Inzwischen bediene ich rund 13 Social-Media-Kanäle und habe Zigtausende Follower. Wenn ich mal vierundzwanzig Stunden nicht online bin, dann machen einige sich echte Sorgen. Sie schreiben mich dann auf allen Kanälen an, meistens komme ich mit dem Nachrichtenlesen nicht hinterher. Sodass ich dann eine Story mache und erzähle, dass es mir gut geht. In meinen Frage-Sticker-Runden bekomme ich intime und neugierige Fragen gestellt. Viele wollen wissen, worauf ich im Bett stehe, ob ich Analsex wirklich so geil finde und was meine Familie zu meinem Job sagt. Aber ich bekomme auch total platte Drehanfragen. Das bleibt natürlich nicht aus.

Da meine Reichweite auf Instagram so schnell wuchs, machte ich auch die eine oder andere Zusammenarbeit mit anderen Pornosternchen, postete Stories oder bin live gegangen. Auch mit dem einen oder anderen Promi wurde ich verlinkt oder habe mich verlinkt. Ein ziemlich bekannter RTL-Comedian hat zum Beispiel mal einen Post in seinem Feed gemacht, in dem es nur um mich ging. Er postete einen Zeitungsartikel über mich, in dem stand, dass ich für meine getragene Unterwäsche ganz gutes Geld kassieren würde. Ich hatte ihn natürlich nicht darum gebeten, das zu tun. Aber solche Verlinkungen oder andere gewollte Aktionen mit anderen Influencern bringen Reichweite.

Im Laufe der letzten Corona-Monate wurde ich für eine Podcast-Produktion angefragt, die dann aufwendig und hoch professionell produziert wurde. Den Talk, in dem es natürlich um Sex und Porno ging, konnte man sich auf einem Podcast-Anbieter-Portal hinter einer Bezahlschranke anhören. Es kamen immer mehr solcher Anfragen, die nur durch Social Media zustande gekommen sind.

Obwohl ich einen so großen Einfluss habe, stehe ich aber immer wieder zwischen gesellschaftlicher Ächtung und großem öffentlichen Interesse. Im Grunde verheimliche ich nie, was ich beruflich mache. Aber es gibt eben die Momente, in denen ich es nicht benenne. Sei es beispielsweise das Baufinanzierungsgespräch oder aber der Arztbesuch. Seit dem Roman »Shades of Grey« ist der Popo-Klatscher samt Handschellen zwar salonfähig, und dass jeder schon mal einen Porno gesehen hat, darüber sind wir uns auch einig. Aber: Gewisse Vorurteile und eine gelegentliche Ausgrenzung, die gibt es Frauen wie mir gegenüber leider immer noch. Hier brauchen wir einfach noch mehr Offenheit für Sexworkerinnen und keine Ablehnung oder gar Schmuddel-Schublade. Das würde ich mir wirklich wünschen.

Aber weil ich Pornostar bin und eine große Reichweite habe, wurde ich nach einiger Zeit auch für einige Firmen interessant. So wurde ich dann schnell zur Pornfluencerin und bekam erste Kooperations-Angebote. Ich machte Werbung in meinen Storys und im Feed für Sextoys oder andere Gimmicks für den täglichen Bedarf. Natürlich stehen die Firmen bei mir nicht Schlange. Einfach aus dem Grund, weil ich nicht die typische Beauty-Influencerin bin, die Haarshampoos anpreist oder Protein-Shakes kredenzt. Sondern ich habe Sex vor laufender Kamera. Und das ziemlich tabulos. Wer die Filme sieht, sieht halt alles von mir. Damit können sich nur wenige Marken identifizieren.

Aber eine besondere Anfrage erreichte mich mal von einer großen deutschen Krankenkasse. Die planten eine Online-Kampagne zum Thema Pornosucht und wollten das mit einer echten Pornodarstellerin besetzen. Das war ein tolles Projekt für mich und gab mir auch noch mal die Gelegenheit, das Thema aus einer anderen Perspektive zu sehen und vielleicht auch mal zu hinterfragen. Die Inhalte habe ich über einige meiner Social-Media-Kanäle geteilt. Das kommt in der Regel bei meinen Usern und Followern auch gut an. Inzwischen verdiene ich mit solchen Deals und Affiliate-Marketing vierstellig. Ich habe sozusagen mein Business ein wenig diversifiziert und bin nicht ausschließlich abhängig von meinen Sexfilmen. Alles in allem ist das ein echter Fulltimejob, den ich körperlich und geistig auch noch einige Jahre machen kann und möchte. Ich verdiene in etwa so viel wie ein Pilot, dafür arbeite ich aber auch rund 60 bis 80 Stunden in der Woche.

Neben solchen Anfragen, kamen aber auch immer wieder Presseanfragen, in denen ich um Interviews zu meinem Job gebeten wurde. Vom Privatfernsehen bis hin zu öffentlich-rechtlichen Sendungen oder aber bekannten Online-Boulevardmagazinen wie dem *Stern* und Radiosendern war eigentlich schon fast alles dabei.

Eine besonders lustige Anfrage bekam ich 2021 von dem Streaming-Dienst »Joyn«. Die haben mit oder besser gesagt für Claudia Obert ein Format entwickelt, in dem sie zu fremden Personen in die Wohnung stolpern sollte und raten musste, was die Person beruflich macht.

Ich kannte Claudia Obert bis zu dem Zeitpunkt nur aus Realityshows im Fernsehen und von Social Media. Und ja, plötzlich stand sie vor meiner Tür. Claudia hatte ein recht forsches Auftreten und nimmt bekanntlich kein Blatt vor den Mund. Es dauerte nicht lange, bis die erste Flasche Champagner geköpft wurde. Sechs Flaschen hatte die elfköpfige TV-Crew dabei. Und ich dachte, was haben die bloß vor? Die Crew ließ durchblicken, dass Claudia gern mal einen draufmacht, aber die vielen Flaschen seien auch Requisite.

Wir hatten dann tatsächlich in einer halben Stunde eine Flasche Champagner gekillt. Sie wurde immer lockerer und ich tat es ihr gleich. Als ich sie in mein Arbeitszimmer führte, dachte Claudia, ich sei eine Gamerin. Dann erblickte sie mein Poster an der Wand und tippte auf Escort-Dame. Ich musste ganz schön lachen und sagte ihr, dass ich Pornos drehe. Das fand Claudia ziemlich cool, oder mega, wie sie sagte. Sie wollte mir dann beim Webcamen zusehen. Nur leider hatte sie nicht verstanden, dass man sie dabei natürlich weder hören noch sehen darf. Als Claudia dann fragte, ob der Penis des Users schon steif sei, ist der User natürlich sofort offline gegangen. Ich erklärte ihr, dass in meinem Geschäft Diskretion wichtig sei. Und man sich nicht über die Kerle in der Cam lustig machen soll. Außer die wollen es. Claudia verstand das und war dann sehr neugierig auf alles, was ich sonst so tat. Dazu zählte ja auch Social Media. Und dafür sollten wir dann vor laufenden TV-Kameras Fotos machen. So geschehen, und es entstand das relativ bekannte Busen-Knutscher-Bild. Ein Foto, auf dem Claudia Obert meine Brüste küsste. Kurz nachdem Claudia das Bild auf Instagram gepostet hat, stürzten sich die Zeitungen darauf. Ich muss gestehen, dass ich in dem Moment, als sie mir an die Brüste fasste, selbst etwas überrascht war. Aber Claudia war tatsächlich so, wie man sie aus dem Fernsehen kannte. Locker, sexuell offen und in Teilen mit Sicherheit auch schamlos. Wir trafen uns nach den TV-Dreharbeiten noch ein paar Mal privat. Einmal öffnete sie mir ihre Haustür in Nachthemd und Wollsocken, legte sich auf die Couch und schaute die Tagesschau. So, als würden wir uns schon zehn Jahre kennen. Claudia ist schon eine außergewöhnliche Type. Direkt, verrückt und nicht einfach einzufangen. Aber ein grundehrlicher Mensch, der mir und meinem Job gegenüber gar keine Vorbehalte hatte. Und genau dafür schätze ich sie sehr.

HASS MICH DOCH – HATERS GONNA HATE

Jeder, der auf Social Media unterwegs ist, weiß, wie hart das Echo anderer einen treffen kann. Ein Echo auf das, was man von sich gibt und über den Äther schickt. Dass ich Pornos drehe und das eine ganz bestimmte Zielgruppe anspricht, das war und ist mir schon immer klar gewesen. Aber ich wollte mehr. Ich wollte blog-mäßig über etwas sprechen und Leute mit Inhalten erreichen. Ihnen zeigen, dass ich etwas im Kopf habe und nicht nur

Hardcore-Pornos drehe. Ich wollte mit Vorurteilen aufräumen. Weil Instagram und Facebook dafür nicht ganz der richtige Rahmen für mein Vorhaben waren, erstellte ich mir 2019 einen Youtube-Account. Hier fing ich an, fortan über Gefühle zu sprechen.

Echte Emotionen eines Pornosternchens. Ich sprach ganz offen an, dass es natürlich nicht immer cool ist, Pornos zu drehen. Dass es durchaus Kehrseiten gibt, dass auch ich Probleme wie zum Beispiel Liebeskummer habe. Ich wollte schlicht und ergreifend, dass die Leute da draußen das Menschliche sehen. Nicht nur in mir, sondern auch in allen Frauen, die in dieser Branche unterwegs sind. Meine Sorgen und meine Wünsche machte ich in meinen Videos zum Thema.

Mein Hauptmotiv war, dass Männer, aber auch Frauen mich nicht wie ein Stück Fleisch an der Theke sehen sollten, sondern als fühlende und nachdenkliche Frau. Das kam gut an, denn es gab wenige aus der Branche, die so offen über ihr Innerstes sprachen. Ich wollte da richtig deepen Kram behandeln. Damit mein kleiner Seelen-Striptease da nicht zum Emo-Account verkommt, wollte ich auch nachhaltiges Wissen vermitteln. Weil mich in meinen Fragerunden auf Instagram immer so viele Fragen erreichten, hatte ich das Gefühl, dass es beim Thema Porno und Sex scheinbar viel Aufklärungsbedarf gibt. Und so fing ich an, ein paar Sextipps zu geben und den Erklär-Bären zu spielen.

Am Anfang kassierte ich allerdings auch jede Menge Hate. Deutlich mehr als auf Facebook und Instagram.

Die Leute ballerten einfach drauflos und waren auf Youtube viel gnadenloser in ihren Kommentaren. Die denken nicht darüber nach, dass das den Creator auch treffen und verletzen kann. Das war am Anfang für mich sehr schwer, gerade weil ich eine persönliche und verletzliche Seite von mir zeigen wollte. Ich las Kommentare, in denen stand, dass ich Schmutz bin, dass ich hässlich sei und eine Nase wie Tadeus Tentakel hätte. Dass ich die Hände wie eine Greisin hätte und eine Hure sei, weil ich so offen über Sex sprach. Andere wiederum machten es sich zur Aufgabe und schrieben mir elendig lange Mails und wollten mich bekehren. Ich sei doch so nett, wie könne ich meinen Körper so verkaufen.

Das war keine einfache Zeit, aber ich wollte auf keinen Fall aufgeben. Warum auch? Weil ein paar Leuten nicht schmeckte, was ich erzähle? Also machte ich weiter und brachte mir autodidaktisch alles Wichtige in Sachen Youtube bei. Einen Porno zu drehen ist eben etwas anderes, als nach einem Skript mit Requisite ein Youtube-Video aufzunehmen und zu schneiden. Erfolgreiche Youtuber machen das in Vollzeit, das ist eine ganz andere Nummer. Und natürlich auch ein anderes Niveau.

Aber immerhin: Inzwischen verdiene ich auch mit Youtube Geld und andere Youtuber wurden ebenfalls auf mich aufmerksam. So hatte ich mal ein Aufklär-Video zum Thema »Blasen« veröffentlicht, und dann gab es von dem Youtuber Inscope ein sogenanntes Reaction-Video, bei dem ich als Cover auf seinem Channel erschien. Inscope hat rund 2,7 Millionen Abonnenten auf nur einem

Kanal von mehreren – und ist damit natürlich eine große Nummer. Nach dem Reaction-Video lud er mich dann nach Stuttgart ein und wir machten gemeinsam ein Youtube-Video für seinen Channel. Das war etwas Neues für mich, dass Leute außerhalb der Branche so neugierig auf das Thema und mein Tun waren. Er fragte mich in dem Video aus, wie ich dazu kam, wie ein Porno entsteht und wie man als Pornodarstellerin überhaupt einen Freund findet. Im Prinzip diese Random-Fragen, die wahrscheinlich viele in ihrem Kopf haben. Inscope und ich hatten einen superlustigen Tag zusammen und an seinen Humor hatte ich mich auch schnell gewöhnt. Er verwurstet nämlich sämtliche Wörter immer mit dem Buchstaben »y«. Seine Community feiert das und es hatte für unser Video den Vorteil, dass wir über sämtliche Sexthemen sprechen konnten, ohne dass Youtube den Content sperrte. Aus Anal wurde dann halt Anyl. Das Video ging in den Abrufen total ab. So, dass viele auf mich aufmerksam wurden. Natürlich zog es auch wieder Hass an, aber mit dem hatte ich ja gelernt umzugehen und ich liebe mich – auch wenn ich eine Nase habe wie Tadeus Tentakel!

Kurze Zeit später wurde das Youtube-Format »Hyperbole« auf mich aufmerksam. Eine beliebte Rubrik dieses Kanals ist die »Frag ein ...«-Kategorie. Dort werden vom Straftäter bis hin zum Polyamoristen, vom Pfarrer über den Drogendealer bis hin zu besonderen Persönlichkeiten zu allem Möglichen befragt. Dort wurde ich dann auch eingeladen unter dem Titel »Frag ein Cam-

Girl«. Unbequeme Fragen kannte ich zu dem Zeitpunkt ja bereits und der Effekt, dass dadurch wiederum andere YouTuber reagierten, trat auch dieses Mal wieder ein. Darunter einer der bekanntesten aus der Gaming-Szene. Ich hatte Social Media wirklich auf allen Kanälen ausprobiert und habe festgestellt, dass dort auf jeden Fall Platz für Porno ist – ohne Porno zu zeigen.

VERY IMPORTANT FUCK

Männer sind sich in vielen Punkten sehr ähnlich. Ganz egal, ob der Mann jetzt Hochschuldozent, Kfz-Lehrling oder eben berühmt ist. Sie sind schnell erregbar und reagieren auf simple Reize. Ein schönes Foto einer leicht bekleideten Frau macht was mit einem Mann. Und sehr viele hauen wie in meinem Fall dann in die Tasten und schreiben mich über Instagram an.

Ich habe tatsächlich oft sehr junge Typen dabei, die in ihrem Zimmer mehrere Poster von mir haben, als wäre ich ein Popstar. Das gefällt mir zum Beispiel gar nicht so gut, weil ich mir für die wünsche, dass sie auf Mädels in ihrem Alter stehen. Diese Sorte von Typen schreiben mir gern mal und fragen, ob sie nicht mal beim Dreh mein Partner sein können. Das wird natürlich nichts, das hatte ich in den letzten Kapiteln ja auch schon beschrieben.

Und dann gibt es Promis. Die schreiben auch und haben ebenso klare Vorstellungen darüber, was sie wohl von mir bekommen könnten. Aufgrund ihres Promi-Status! Darunter waren bisher einige Bundesliga-Kicker, TV-Reality-Stars, aber auch bekannte Schauspieler. Die Kicker, die mich bisher anschrieben, waren mitunter ganz schön plump. Einige taten so, als hätten sie gar nicht gewusst, was ich beruflich mache. Andere fragten, ob sie mich zum Sex treffen könnten und was ich dafür nehme. Der Unterschied zwischen einer Pornodarstellerin und einer Prostituierten, den musste ich einigen Berufsfußballern dann noch mal kurz erklären.

Irgendwann an einem Abend schrieb mich ein bekannter deutscher Schauspieler an. Das Erste, was er mir kommentarlos schickte, war ein Emoji. Eine Rakete. Was das sollte, dachte ich genervt, und checkte seinen Instagram-Account. Weil der Name mir natürlich etwas sagte. Ich sah den blauen Haken auf seinem Profil und stellte fest: Er war es wirklich! Ein bekannter und mit Film-Preisen ausgezeichneter Schauspieler. Den ich zugegebenermaßen auch ganz attraktiv fand. Früher habe ich sogar ein paar seiner Filme geguckt. Ich schrieb ihm daraufhin ganz locker zurück, wie er darauf käme, mir zu schreiben. Er antwortete mir, dass er mich aus der Presse kennen würde und aufgrund einer Filmpremiere in Hamburg wäre. Er wollte wissen, ob ich Lust hätte, bei einem feierlichen Dinner am Abend dabei zu sein. Mir passte es eigentlich gar nicht, was ich ihm dann auch schrieb. Ich dachte aber, was habe ich schon zu verlieren? Und die Neugier, wie dieser Schauspieler dann in »echt« so war, siegte.

Angekommen in einem Nobel-Sushi Restaurant saß er da wirklich in großer Runde mit weiteren bekannten Gesichtern aus der Filmbranche und der dazugehörigen Crew. Ich hatte mich extra nicht großartig aufgetakelt, sondern entschied mich für schlicht, schick, aber natürlich figurbetont. Er stellte mich mit den Worten vor: »Hey, Leute, das ist Hanna. Die dreht Pornos.« Ja, was soll ich sagen? Ist das eine nette Vorstellung, ein cooles Intro vor Schauspiel-Deutschland? Mir war es egal. Ich wollte mir diesen Zirkus geben. Und: Ich drehe ja nun mal Pornos und dazu stehe ich. Der Tisch war reichlich gedeckt mit dem teuersten Sushi, teure Flaschen Wein und es wurde immer wieder flaschenweise nachgeordert. Nach einer Weile fragte er mich, ob ich mit ihm vor die Tür kommen würde, um frische Luft zu schnappen. Ich willigte ein und folgte dem inzwischen schon ganz schön angetrunkenen Filmstar. Draußen fragte er mich, ob wir nach dem Dinner noch ein bisschen privat feiern wollen in seiner Hotelsuite. Ich sagte, ich könne ihn gern begleiten, und wollte wissen, wer denn da noch mitfeiern würde. Er nannte einen Regisseur und einen Schauspiel-Kollegen. Kurz darauf wollte er wieder in das Restaurant hinein und auf die Toilette. Er bat mich, ihn zu begleiten. Ich war gespannt, was er jetzt vorhatte. Würde er es wirklich wagen, mich auf der Toilette anzumachen? Nein, er wollte wirklich nur pinkeln und stellte sich an ein Urinal und pinkelte völlig ungeniert drauflos. Ich drehte mich um. Verkehrte Welt irgendwie. Der Typ hatte keine Scham und war ganz schön tickig für so einen jungen Mann. Ich glaube, er hatte Angst, dass ich abhaue oder das jemand anderes mich in seiner Abwesenheit am Tisch angraben könnte. Selbstbewusst geht anders, dachte ich.

Später standen wir dann an der Hotelrezeption des Fünf-Sterne-Hotels. Die Dame am Empfang wusste natürlich genau, wer er war. Er sagte, er hätte gern die zwei teuersten Flaschen Weißwein aufs Zimmer gebracht. Die Dame nickte und tippte es in ihren Computer. Bis jetzt hatte der Schauspiel-Gott noch nicht viel dafür getan, dass ich ihn wirklich sympathisch fand. Er war zwar nett zu mir, aber betrunken und kaum noch Herr seiner Sinne. Da saßen wir dann in der Hotelsuite und ich wusste nicht, was er denkt, was heute passieren würde. Betretene Stille, dann klopfte es zum Glück an der Zimmertür und sein Schauspiel-Kumpel brachte auf einem Servierwagen die teuren Weine ins Zimmer. Das sollte wohl lustig sein, die beiden haben sich auf jeden Fall tierisch darüber amüsiert. Ich würde ja gern auf Klischees verzichten, kann es aber bei dieser Geschichte nicht. Die beiden Männer packten den Schnee aus, und dann waren sie in ihrer ganz eigenen Welt. Sie koksten, sie soffen und redeten hellwach die halbe Nacht zum Teil auch viel wirres Zeug. Irgendwann sagte sein Schauspielkumpel: »Lass mal Nutten bestellen.« Das kam bei meinem Date gar nicht gut an, wobei ich das Gefühl hatte, als wäre dieser Einwurf nicht von ungefähr gekommen. Sie boten mir auch eine Nase Koks an, aber ich lehnte dankend ab. Die Erfahrungen mit meinem Freund Lukas damals haben mich für alle Ewigkeiten geprägt. Bei Drogen werde ich nicht schwach und bei Promis auch nicht. Zumindest heute Nacht nicht. Ich verabschiedete mich mit den Worten »War nett mit euch« und ließ die beiden alleine. Vielleicht hat es ihn gekickt, dass ich einfach abgehauen bin und er auch in der Presse nichts von dieser Nacht lesen musste.

Da dieses Kapitel »Very important Fuck« heißt, könnt ihr euch natürlich denken, dass mein unbeeindruckter Abgang in der Nacht nicht das Ende vom Lied war. Ich war Single, ich war neugierig und für mich war die Filmbranche auch eine andere Welt. Menschen, die man nur aus lustigen oder melancholischen Kinofilmen kannte, aus gut gebürsteten Interviews von roten Teppichen und aus Fotostrecken für Werbepartner. Wie die dann wirklich waren und tickten, das fand ich schon reizvoll herauszufinden. Also hielt ich den Kontakt zu dem Schauspieler. Da er mit seinen Filmen auf der Erfolgswelle surfte, war er oft in der Stadt. Sodass wir uns wieder verabreden konnten und seine Beziehung davon nichts mitbekam. Wir telefonierten stundenlang, haben Facetime gemacht und nachts bis zum Morgengrauen telefoniert. Er erzählte mir, dass er damals den Kontoauszug seiner ersten Millionen immer wieder ansehen musste, um es zu realisieren. Wow, dachte ich, so viel Geld und es macht ganz offensichtlich trotzdem nicht vollends glücklich.

Manchmal rief er mich auch an und erzählte mir von seinem Tag bis ins kleinste Detail. Es waren viele verstrahlte Anrufe, aber er wurde mir dadurch auch immer sympathischer. Weil ich merkte, wie nachdenklich und scheinbar auch einsam er war. Er brauchte ein Ohr. Und schon wieder gab es genau an dieser Stelle eine fette Parallele zu meinem Webcam-Job. Viele haben einfach keinen zum reden, keinen, der mal wirklich zuhört. Bei mir wurde der Gute auf jeden Fall seinen Ballast los und als Dank überhäufte er mich mit Komplimenten. Erstaunlich, dass so ein Typ keine schöne Frau findet, der er sich anvertrauen konnte, dachte ich.

Wir trafen uns noch einmal auf seiner Hotelsuite. Mit dabei war sein Regisseur und es gab wieder Schnee und Wein. Sie waren nur kurz für einen Pressetermin in Hamburg und er wollte mich nur für ein paar Stunden sehen. Bei diesem Treffen fragte er seinen Regisseur, ob er mir nicht auch mal eine Rolle in einem Film geben könnte. Ich fand die Vorstellung sehr lustig und dachte mir, aber nur, wenn ich mich selbst spielen kann. Aus der Filmrolle wurde natürlich nichts, dafür kam es beim übernächsten Date zu Sex. Einfach so! Ich hatte also Sex mit dem Mädchen- und Frauenschwarm schlechthin. Ich ließ es einfach auf mich zukommen und bat ihn, auf Koks zu verzichten, weil mich das eher abturnen würde.

Dann küssten wir uns gefühlt eine halbe Ewigkeit, aber ihm war das Vorspiel so wichtig. Er sagte mir, dass er es in meinen Filmen so geil fände, wie ich beim Blasen in die Kamera gucke und wie ich generell mit der Kamera mit meinen Blicken spiele. Er gab zu, dass er sich jede Menge Pornos von mir angesehen hatte. Dabei fuhr er total auf meinen Arsch ab und knetete und küsste ihn immer wieder. Irgendwann kam es dann zum Akt. Und der war ziemlich 0815. Bei ihm war alles dran, nichts zu schlaff oder zu kurz, aber es haute mich auch nicht um. Den Standard-Akt glich er aber mit sehr viel Zärtlichkeiten aus und kuschelte vor und nach dem Sex stundenlang. Ich habe mich wirklich wohlgefühlt und er sich auch. Morgens wachten wir eng umschlungen auf. Danach trafen wir uns noch einmal zum Sex und er fragte mich halb im Spaß, ob wir nicht heiraten und auswandern wollten. Ich verneinte diese Spaßfrage. Aber ich wusste, hätte ich einen anderen Job, dann hätte er vielleicht eher zu mir gestanden. Unser Kontakt schlief über die Wochen ein und endete dann ganz. Und ich bin mir ganz sicher: Solche Männer haben, so lange sie noch nicht gezähmt sind, in jedem Hafen eine Frau.

USER JULIUS: DAS MASS IST VOLL

Julius ist eigentlich wieder so ein tragisch, komischer Fall. Ein User, bei dem sich allem Anschein nach verschiedene Fetische mit krassen Vorlieben, aber auch einem eigenen Schicksal vermischen. Gewissermaßen ist das schon ein Standard, wären die Ausprägungen nicht so heftig.

Als ich Julius in der Cam kennenlernte, war ich überrascht, wie gut er aussah. Nicht dass andere User mitunter nicht gut aussehen konnten, aber Julius war schon eine Art Frauentyp. Er stellte sich mir als 32-jährigen Sportlehrer vor und redete demnach auch gern über Sport. Sprach aber auch viel darüber, was er mit seinen Kumpels so unternahm. Er gab auch von Anfang an zu, dass er liiert und seine Frau oft zu Hause sei. Wobei er seine Tür dann abschloss. Das Besondere an unserem anfänglichen Kontakt war, dass Julius auch ein Gespräch führte. Also er wollte auch viel über mich erfahren und nicht nur seinen Ballast bei mir abladen. Sein markantes Gesicht war eingerahmt von einem vollen blonden Haarschopf. Auffallend waren sein gepflegtes Äußeres und sein gewinnendes Lachen, wenn er dann mal lachte. Er meldete sich meistens aus seinem Homeoffice, was gerade zu Beginn der Corona-Zeit enorm bei ihm zunahm. Sein Homeoffice sah fast ein bisschen aus wie eine moderne Bibliothek. Zahlreiche Buchbände zierten die Regale, alles war hell und modern eingerichtet. Meistens sprachen und schrieben wir im Wechsel, das folgte keiner Regel. Wenn Julius mich mit seinen fetten Kopfhörern empfing, dann wusste ich: Heute will er reden, statt nur zu chatten. Worauf Julius genau stand, erfuhr ich erst so nach und nach.

Gleich zu Beginn unserer Cam-Stunden fragte Julius mich, ob ich Natursekt mag. Ich schrieb ihm, dass ich schon Solo-Videos von mir gemacht habe, in denen ich Natursekt mache. Oder vereinfacht ausgedrückt: Videos, in denen ich irgendwohin piesele. Ich glaube, das war für ihn der Türöffner. Und dann fiel er auch direkt mit der Tür ins Haus, samt Maßkrug! Denn Julius fand es megageil einen Maßkrug vollzupinkeln. Und diesen dann, na klar, ihr ahnt es: auszutrinken! Er trank dann seinen Maßkrug mit Pisse genüsslich in großen Schlucken aus. Dabei sollte ich ihm einfach nur zuschauen. Julius wirkte überhaupt nicht angewidert, im Gegenteil. Es wirkte, als würde er wirklich ein leckeres Bier herunterexen. Der für ihn sexuelle Part kam erst im Anschluss, also erst nach dem Trinken wurde auch sein Penis hart. Manchmal ejakulierte er, kurz bevor er austrank, auch ins Glas. Sodass sich dann Urin und Ejakulat vermischten. Ich war erstaunt, wie viel ein Mensch pinkeln kann, denn er pinkelte in manchen Sessions direkt im Anschluss einen weiteren Maßkrug voll.

Ich war auf dieses anatomische Wunder nicht vorbereitet. Und fragte mich, warum der Harndrang nicht erst bei einer Blasenfüllmenge von 200 Millilitern losging. Denn das ist die Menge, bei der erst der Harnreiz ausgelöst wird. Aber Julius pisste und pisste. Teilweise war ich gedanklich blockiert, weil ich noch nie zuvor einen Menschen literweise Pisse trinken sah. Egal, was ich schon alles in der Cam erlebt habe, irgendwie gibt es immer wieder jemanden, der einen schockt. Mit der Zeit reichte es Julius dann auch nicht mehr aus, dass ich ihm nur beim Trinken und Pinkeln zuschaute. Er bat mich, dass ich ihm währenddessen Geschichten erzählen solle. Geschichten, in denen es um seine Frau gehen sollte. In denen seine Liebste von jemand anderem durchgenommen werden sollte. In Julius' Fantasie sollten das kräftige, bärtige und tätowierte Rockertypen sein. Na klar, mit einem großen Schwanz, dieses kleine Detail durfte natürlich nicht fehlen.

Für diese Art von Fetisch gibt es auch einen Begriff: Er lautet Candaulismus oder auch bekannt als Cuckolding. Was nichts anderes bedeutet als: Der Mann schaut zu, wie seine Frau es vor seinen Augen mit einem anderen treibt. Die Herkunft des Namens lässt sich aus dem Englischen ableiten. »Der Betrogene« bedeutet auf Englisch »cuckold«. Tatsächlich ist das ein sehr verbreiteter Fetisch. Aber wie so oft: Keiner spricht es aus.

Warum genau dieses Szenario so anturnend sein soll, darüber haben bereits Neurowissenschaftler geforscht. Wir halten es hier der Einfachheit halber simpel. Manche Männer finden die Vorstellung scheinbar einfach scharf, wenn die Liebste sich mit einem anderen vergnügt. Julius wollte auf jeden Fall, dass ich ihm die wildesten Geschichten erzähle. So sollte ich ihm erzählen, dass seine Frau es so laut mit dem heimlichen Hausfreund trieb, dass sich sogar die Nachbarn beschwerten. Oder dass seine Liebste es ohne Kondom machte. Julius' Fantasien brannten immer mehr mit ihm durch. Irgendwann sollte ich dazudichten, dass seine Liebste durch diesen Sex schwanger wurde und er der ahnungslose, dumme Ehemann sei. Demütigung par excellence! Ich glaube, um das zu analysieren, brauchen wir keinen psychologischen Hintergrund.

Julius kam knapp vier Jahre zu mir in die Cam. Viel Zeit, um jemanden auch über den Bildschirm besser kennenlernen zu können. Am Anfang der Sessions war immer ein normaler Austausch möglich, solange sein Natursekt-Spielchen nicht anfing. Denn sobald das losging, war er wie im Tunnel, dann kippte die Stimmung richtig und er war wie besessen. Bevor er dann mal wieder seinen Penis in den Maßkrug hielt, erzählte er mir, dass ihn seine Frau tatsächlich mal betrogen hatte. Das hätte ihn sehr verletzt. Na ja, jetzt können wir eins und eins zusammenzählen.

Er kam in etwa einmal im Monat und erzählte mir dann nach einer Weile, dass er mit seiner Frau in einem Kinderwunschzentrum sei, weil es seinetwegen auf natürlichem Wege mit dem Nachwuchs nicht klappte. Das war ein sehr intimer Moment und alles machte auf einmal einen Sinn. Gerade seine Cuckold-Fantasien, in der ein anderer Mann seine Liebste schwängerte. Aber auch diese Offenbarung änderte nichts daran, dass er seine beide Fetische weiterhin ausleben wollte. Er nannte unsere Cam-Zeiten »Harn-Kur«. Ich bin mir sicher, dass sich niemand aus seinem Umfeld von seinem Maßkrug-Geheimnis hätte etwas ausmalen können. Vor nicht allzu langer Zeit kam Julius startbereit für seine Session mit zwei Maßkrügen zu mir in die Cam. Bevor er seinen halb erigierten Penis ins Glas hielt, verkündete er mir freudestrahlend, dass seine Frau dank des Kinderwunschzentrums nach zwei Jahren und zahlreichen Behandlungen mittels künstlicher Befruchtung schwanger geworden sei. Ich habe mich sehr für ihn gefreut und beglückwünschte ihn herzlich! Doch dann legte sich bei ihm wieder recht fix der Schalter um. Und Julius sagte:

»Wir müssen uns beeilen! Meine Frau kommt gleich nach Hause. Wir wollen heute Abend noch gemeinsam mit Freunden auf die Schwangerschaft anstoßen. Im Biergarten.«

Na ja, ihr wisst schon. Freud und Leid. Leid und Mitleid. Leid und Leidenschaft. Irgendwie hängt alles zusammen. Prost!

Nachhilfe vom Pornostar: Kleines Stellungskamasutra

Bei Stellungen sehe ich eher die Abwechslung als zentralen Punkt und nicht die Ausgefallenheit. Denn umso ausgefallener eine Stellung ist, desto anstrengender ist sie und desto weniger Spaß bringt sie womöglich einem von beiden. Es gibt Stellungen, die sehen wirklich nur im Film gut aus oder sind mit Schummeln praktikabel.

* * *

Nehmen wir die Stellung, in der er sie hüfthoch hochhebt und gegen die Wand drückt. Eine sehr beliebte Stellung für irgendwelche Hollywood-Sexszenen. Macht das mal mit eurem Partner nach. Keine Chance, außer er ist superstark und die Frau ist ein echtes Leichtgewicht. Also streichen wir erst mal alles Akrobatische. Die besten Stellungen sind die, in denen beide kommen können.

Fangen wir bei der Missionarsstellung an. Die mag erst einmal unspektakulär klingen, aber wenn Mann der Frau gern nah ist und ihr in die Augen und ins Gesicht schaut, dann ist die Stellung super. Wunderbar kann er ihr auch in der Reiterstellung ins Gesicht schauen oder auf ihre Brüste. Bei dem umgekehrten Reiter sitzt sie mit dem Rücken zu ihm. Das ist dann etwas für die Männerfraktion, die gern den Po und den Rücken der Frau im Fokus hat. Ein weiterer Vorteil an der Reiterstellung ist, dass sie die Kontrolle über die Tiefe und die Geschwindigkeit hat. Also sie dominiert in diesem Akt. Der Mann kann auch zusätzlich bei dem umgekehrten Reiter den Finger zur Stimulation in ihren Po stecken. Aber bitte, wie immer die goldene Regel: Vorher fragen! Für die Frau ist die Reiterstellung auch eine gute Wahl, weil sie kann dabei klitoral super kommen. Da ihr Schambein an seinem Unterbauch reibt und diese Bewegung die Klitoris stimuliert. Und ein kleiner Insider für Frauen an dieser Stelle: Wenn sie keine Lust mehr hat, kann sie ihn in dieser Stellung wunderbar abfertigen. Erst recht, wenn sie eine gute Beckenbodenmuskulatur hat, dann kann sie den Beckenboden schön zusammenziehen. Diese erzeugte Enge ist für viele Männer doppelt erregend.

* * *

Next: Widmen wir uns dem Doggy Style. Diese Stellung ist intensiv für sie und ihn. Er kann in der

Stellung super den G-Punkt stimulieren, weil das Becken so tief liegt und der Penis steil eindringt. Ehrlicherweise lieben die meisten Männer diese Stellung, denn es ist und bleibt eine »Macht-Stellung«. Der Mann bestimmt hierbei das Tempo und kann, wenn sie das auch mag, auf die Pobacken hauen. Oder man probiert sich in dieser Position im leichten Spanking. Auf den Po hauen, die Pobacken kneten, reingreifen oder auch massieren. Das alles geht natürlich super beim Doggy Style. Der Großteil der Männer steht auf sexuelle Schwungmasse und dafür ist der weibliche Po wie gemacht. In dieser Stellung gibt es aber ein kleines Achtung! Denn es kommt sehr gern mal zum Muschi-Furzer. Da die Frau das Becken sehr hoch hat, wird Luft hineingepresst, aber die Luft will natürlich auch wieder raus. Das ist einfache Physik. Also, wenn es währenddessen aus der Muschi furzt: Das ist nicht schlimm, das stinkt nicht, und bitte, liebe Männer, habt Verständnis und lacht sie bitte auf keinen Fall aus. Danke!

* * *

Beliebt, aber weniger geeignet für einen One-Night-Stand ist die Löffelchen-Stellung. Denn hier geht es um körperliche Nähe und Entschleunigung. Die Berührungen dürfen hier gern zärtlich und deep sein. Die Stöße sind sanft und vertraut. Wenn das Feeling und die Umgebung stimmen, kann sie in dieser Stellung auch wunderbar kommen. Er ist in dieser Stellung an ihrem Po, was für viele Männer auch sehr erregend ist. Hier muss ich aber eine klare Einschränkung benennen: Wenn der Po zu groß ist und der Penis zu klein, dann haut diese Stellung einfach nicht hin. Das klappt nicht, denn sie merkt nicht viel von ihm, da man in der Löffelchen-Stellung die Pobacken der Frau nicht auseinanderziehen kann.

* * *

Es gibt natürlich eine Vielzahl an Stellungen, die ich hier in Kürze nicht alle aufführen kann. Daher beschränke ich mich hier auf einige Evergreens. Nehmen wir zuletzt die 69. Wer nichts damit anzufangen weiß, der schaue sich die Zahl einmal kurz genauer an. Genauso wie die sechs und die neun zueinander liegen, liegen Mann und Frau auch in etwa. Am besten liegt er dabei unten, und sie ist im Vierfüßler-Stand mit dem Po zu seinem Gesicht über ihm. In dieser Stellung geht es darum, dass sich beide oral befriedigen können. Habt ihr das Bild vor Augen? Die 69 eignet sich super als eine Stellung fürs Vorspiel oder mittendrin zur Entschleunigung. Wichtig ist hierbei, dass sie oben ist und nicht umgekehrt. Denn wenn sie unten liegt, kann sie nicht bestimmen, wie tief er in ihren Mund eindringt. Das empfinden viele Frauen als unschön. Beide sind in der 69 wunderbar beschäftigt und können aktiv etwas für den anderen tun und genießen. Ein großer Vorteil dieser Stellung ist, dass sie nicht vernachlässigt wird. Das passiert

Männern nämlich leider oft, dass sie beim Vorspiel vergessen, auch die Liebste zu befriedigen. In der 69 kommt in jedem Fall niemand zu kurz. Daher: fetter Pluspunkt von mir! Trotz Loblied auf die parallele orale Befriedigung beider, gibt es auch hier ein Achtung: Immer schön den Schließmuskel kontrollieren, denn wenn man die Darmwinde nicht hält, kommt man aus dieser Stellung nicht so easy und schnell raus. Blöd für den anderen und peinlich für einen selbst.

* * *

Privater und geschäftlicher Sex

KAMERA LÄUFT: SO ENTSTEHT EIN PORNO

Ich habe die Frage schon so oft gestellt bekommen und finde, dass ich der Antwort hier mal so richtig Raum geben kann. Wann entsteht denn eigentlich ein Porno? Als Amateur-Pornodarstellerin im Grunde immer dann, wenn ich auch selbst Lust auf Sex habe. Denn ich drehe meine Filme ja nicht an Sets mit einer großen Kamera-Crew und irgendwelchen Darstellern. Ich drehe, wenn mir danach ist.

Für Hardcore-Szenen brauche ich natürlich einen geeigneten Drehpartner. Entweder ist das der Mann, mit dem ich in einer Beziehung lebe, oder ein von mir ausgewählter Typ mit einem Volltest. Aber jemand Geeigneten zu finden, das dürft ihr euch jetzt nicht wie mein eigenes Casting vorstellen. Ich kann dem ja schlecht in die Hose gucken und sagen: Zeig mal her das Ding! Wenn ich jemanden beruflich dafür gesucht oder aber kennengelernt habe, dann lief das immer über den Faktor der Sympathie. Und ob ich ihn gut riechen konnte. Meistens kennt man sich über gemeinsame Kontakte. Ja, und wenn der Penis dann noch eine gute Größe hatte, dann stand einem ersten Dreh nichts mehr im Wege. Der Penis muss für einen Pornofilm groß sein, das zeigt die Erfahrung. Der User möchte einfach einen harten und großen Penis sehen. Ist der zu klein oder wird er nicht richtig hart, merke ich das sofort an den Filmverkäufen. Die laufen dann schlecht. Man könnte sagen, der Mann ist als Zuschauer in der Hinsicht wirklich größenverwöhnt.

Vertraglich war mit meinem damaligen Pornoportal vereinbart, dass ich mit einem Exklusiv-Vertrag und als Markenbotschafterin zwei Filme in der Woche produzieren muss. Diese Pornos mussten dann in der Woche am besten zur gleichen Zeit online gehen. Je authentischer ein Porno ist, desto besser kommt er an. Wichtig ist mir bei meinen Filmen auch gutes Licht! Ein dunkles oder – wie man in der Filmbranche sagt – ein rauschendes Bild verzeiht das verwöhnte Auge nicht. Der Anspruch hat sich auch massiv im Amateur-Porno verändert. Ich benutze also entweder Tageslicht oder ich habe einen gut ausgeleuchteten Raum. Eine typische Perspektive in der Amateur-Szene ist die POV-Einstellung. Ich hatte das schon mal kurz in den Anfangskapiteln erklärt – gemeint ist der Point of View! In dem Falle ist es die Sicht des Mannes, da er die Kamera während des Aktes in der Regel führt. Für einige Drehpartner, die ich hatte, war das Thema Kameraführung am Anfang gar nicht so einfach. Denn ständig muss er dabei auf das Bild achten, die Kamera darf ihn aber dennoch beim Akt nicht stören und er muss an unterschiedliche Perspektiven denken. Denn beim Amateur-Porno ist es ja nicht einfach damit getan, dass man ein Stativ hinstellt und los geht's. Er muss beim Sex darauf achten, dass er mein Gesicht immer wieder von Nahem filmt, dass er vielleicht aus der Vogelperspektive meine wackelnden Brüste einfängt und natürlich das Eindringen in die Pussy oder beim Analsex – auch das muss immer wieder close, also sehr nah gefilmt sein. Das ist ein Lernprozess und der Mann muss dann auch noch entspannt genug sein, um ejakulieren zu können. Ob durch einen Blowjob oder durch Penetration – Stellungswechsel inklusive.

Man kann diese kognitive Herausforderung ein bisschen mit der ersten Fahrstunde in der Fahrschule vergleichen. Da hat man sich in der ersten Stunde wahrscheinlich auch gefragt, wie soll man an so viele Dinge auf einmal denken. Es geht! Sobald die Routine da ist, haben meine Drehpartner immer einen recht guten Job gemacht. Und falls jemandem von euch die Frage unter den Nägeln brennt, ob mein Drehpartner dafür Geld bekommen hat: Bis auf eine Ausnahme hat keiner von mir Geld dafür bekommen.

Am Anfang habe ich zum Filmen ein gutes Smartphone benutzt. Wenn ich heute mal etwas mehr Qualität möchte, dann nehme ich eine hochwertige Spiegelreflex mit 4K als Auflösung. Das ist schon wichtig, denn das Auge der User hat sich längst an eine gute Bildqualität und an guten Sound gewöhnt! Also habe ich auch in gute Audio-Technik investiert. Wenn mich die Lust überkommt oder ich den Dreh vielleicht schon am Vortag geplant habe, dann mache ich mich für den Film zurecht. Ich schminke mich, ich style meine Haare und ziehe mir heiße Wäsche an. Je nachdem, was für eine Storyline der Film dann haben soll. Denn die Deutschen lieben eine Storyline, eine Handlung, die ihre Fantasie anregt. Sie sind Meister beispielsweise in Sachen wie »Warum liegt hier eigentlich Stroh?«. Ein sehr bekannter Spruch, um den Beginn eines Pornos anzudeuten. Falls das dem einen oder anderen hier nichts auf Anhieb sagt. Deswegen bin ich natürlich sehr kreativ unterwegs, was das Storytelling angeht. Ein sehr bekannter Klassiker von mir war, dass mich ein Ski-Lehrer in der Gondel in den Alpen verführt hat. Ich blies ihm dort einen und er hat mich anschließend doggy genommen. Durch den Film wurde ich auch recht schnell in Österreich bekannt. Ich habe auch mal einen Film gedreht, in dem die Storyline war, dass ein Fremder mich im Park angesprochen hat und ich ihm dann im Gebüsch einen blies. Solche Geschichten regen bei einigen extrem die Fantasie an.

Dann gebe ich den Filmen zum Teil ziemlich krasse Titel und ein aussagekräftiges Thumbnail, ein Vorschaubild, um die User neugierig zu machen. Solche zum Teil absurden Storys wollen viele User sehen. Wenn der Porno dann noch real wirkt und die Kameraführung den Eindruck macht, als wäre man als Zuschauer mitten in dieser Szene, dann ist das der perfekte Amateur-Porno. Bei Solo-Szenen muss ich mir schon oft ausgefallene Sachen einfallen lassen. Ich habe es mir mal für einen Film auf einem Parkplatz einer Autowaschanlage selbst besorgt und an mir mit einem Mini-Vibrator herumgespielt. Dazu habe ich die Umgebung mit meiner Kameraführung immer wieder so inszeniert, dass man wirklich das Gefühl hatte: Die wird gleich erwischt. Dazu filmte ich dann die Umgebung, bevor ich es mir besorgte und mich auszog. Dazu zählten vorbeifahrende Autos oder Menschen, die gerade selbst ihr Auto wuschen. Personen und Autos pixle ich natürlich nachträglich in meinem Film. Denn die Wahrheit ist, natürlich sieht mich nie jemand dabei. Die Kunst ist es, genau diese Situation aber zu inszenieren. Besonders wichtig ist mir, dass keine Kinder oder Jugendlichen in der Nähe sind. Denn die haben ja auch meist Handys dabei und drücken gern den Aufnahmeknopf. Um das zu verhindern, checke ich meine Drehlocations immer genau. Gelingt es mir, alles perfekt zu inszenieren, dann habe ich eine authentische Atmosphäre in meinen Pornos, sodass die Outdoor-Szenen noch realer und noch spektakulärer wirken.

Der User denkt sich dann: »Oh, die ist ja versaut, die macht es sich einfach in ihrem Auto und jederzeit könnte jemand kommen und sie erwischen.« Eine Weiterentwicklung für einen Hardcore-Film wäre dann natürlich, dass ich inszeniere, wie ich erwischt werde und mit demjenigen dann auch Sex habe. Wichtig ist, dass ich nach dem Filmen alle Szenen gut zusammenschneide, das ist auch ein richtiges Handwerk und nicht umsonst ein Ausbildungsberuf.

Der Schnitt des Filmmaterials ist ganz entscheidend bei einem Hardcore-Film. Denn es ist nicht immer gegeben, dass der Penis die ganze Zeit über auch hart bleibt. Wenn so ein Fall eintritt, dann muss man eine kurze Pause einlegen und ihn wieder hart bekommen. Kurz einmal durchatmen und sich gegenseitig Lust machen ist in solchen Fällen die Devise. Da hilft natürlich der Schnitt des Materials im Nachgang. Im Gegensatz dazu sind Filme mit dem Titel »Uncut« oder »One Take« sehr beliebt, weil sie den Anschein erwecken, dass das alles echt und ungeschnitten ist. Aber für so einen Film fehlen dann meistens wichtige Perspektiven, wie ein Close-up vom Gesicht, der Pussy oder dem Penis beim Blowjob. Mir sind bei meinen Filmen die Perspektiven sehr wichtig. Da hat man als Zuschauer mehr von, als wenn man sich vielleicht einen »Uncut« ansieht, aber wenig Auswahl an guten Szenen hat. Trotzdem sind One-Taker im Moment sehr beliebt, da muss man sich dem Markt auch immer wieder anpassen.

Ein gutes Beispiel für einen aufwendigen Solo-Film, den ich mal während eines Fluges drehte, ist mein Flugzeug-Solo. Ich hatte mir einen Mini-Vibrator in mein Handgepäck getan und nahm den User dann mit auf diesen Trip. Fast ein bisschen Undercover-Reporter-mäßig erzählte ich dann in die Kamera, wie peinlich es war, als die Flughafen-Security beim Durchleuchten meiner Handtasche den Vibrator sah. Dann filmte ich mich, wie ich in der Flugzeugkabine Platz nahm und irgendwann auf die Toilette schlenderte. Dort packte ich dann meinen Vibrator aus und besorgte es mir in der kleinen Flugzeug-Toilette. Immer wieder erzählte ich dem User, wie geil mich das macht. Am Ende nahm ich wieder Platz in meiner Reihe und ließ den Vibrator in mir fernsteuern – von meinem Begleiter ein paar Sitzplatzreihen weiter weg von mir. Naturgemäß ging dann die Erregung auf meinem Sitzplatz weiter. Bei so einem Storytelling habe ich jede Menge Szenen, die ich dann später mit meinem Schnitt-Programm zurechtschneide. Das geht natürlich schlecht als One-Taker. Aber der Film, es war einer meiner ersten, der kam megagut an. Würde mich nicht wundern, wenn das eine oder andere Pärchen das vielleicht sogar nachgemacht hat. Ich hoffe es zumindest!

PORNOILLUSIONEN

Die meisten, die Pornos ansehen, erwarten große Penisse und viel Sperma. Das Thema hatten wir ja bereits, aber jetzt verrate ich euch noch etwas: Diese Tatsache setzt einen Mann mit gutem Stehvermögen und guter Gesundheit voraus. Allerdings kann natürlich nicht jeder Mann dreimal hintereinander abspritzen. Und wenn man eine gute Dreh-Kulisse hat, wie zum Beispiel eine tolle Hotelsuite oder einen starken Outdoor-Platz, dann kommt bei uns in der Branche schon mal Kunstsperma zum Einsatz. Gerade dann, wenn man an einer Location mehrere unterschiedliche Filme plant. Ich bin mir ziemlich sicher, dass viele in der Amateur-Szene Kunst-Sperma schon mal genutzt haben. Oder es sogar regelmäßig benutzen. Klar habe ich das auch schon getan! Dieses Sperma ist in der Tube, es schmeckt süßlich und ist auch wirklich als »Fake-Sperm« deklariert. Von der Konsistenz her ähnelt es echtem Sperma extrem. Eigentlich ist es sogar zum Verwechseln ähnlich. Man kann damit beim Porno super tricksen, aber für mein Empfinden sollte es nur ein Notfall-Mittel sein. Weil ein echter Cumshot einfach besser aussieht! Und für den Creampie gilt das auch.

Ich hatte mir das Kunstsperma mal für eine Creampie-Szene in die Vagina injiziert. Als wir dann filmen wollten, wie ich es rauspresse, kam es einfach nicht raus. So, wie ich mir das vorgestellt habe, hat das also nicht funktioniert. Bei echtem Sperma ist das natürlich ein Selbstgänger.

Einige arbeiten auch regelmäßig mit Kunst-Sperma, gerade wenn sie oftmals wechselnde oder neue Drehpartner haben. Oder schlichtweg sein Sperma nicht abbekommen wollen. Ich kann das gut verstehen und bin daher auch froh, dass wir Frauen in der Amateur-Szene die Möglichkeiten haben, Sex so zu haben, wie wir es uns wünschen und wie wir uns dabei wohlfühlen.

Und wenn wir schon dabei sind, plaudere ich hier noch etwas mehr aus dem Nähkästchen. Die große Ernüchterung für alle Frauen und vielleicht auch einige Männer: Der weibliche Orgasmus ist in Hardcore-

Filmen einfach nicht der Fokus. Der wird wirklich stiefmütterlich behandelt. Mit Sicherheit sehr zum Ärger vieler Feministinnen. Zu Recht oder Unrecht, mag ich nicht beurteilen. Aber viele weibliche Orgasmen in Pornos sind einfach absoluter Fake, weil es einfach nicht wichtig ist. Ich selbst halte es bei meinen Filmen so: Wenn ich komme, dann komme ich. Und falls ich den Höhepunkt nicht erreiche, hatte ich dennoch Spaß. Wahlweise besorgt es mir dann mein Drehpartner im Anschluss noch mal ohne Kamera. Ihr erkennt weibliche Fake-Orgasmen an einer extremen Rumstöhnerei ohne wirkliche körperliche Anzeichen. Denn der weibliche Orgasmus steigert sich. Dann kommt bei echter Erregung die sogenannte Plateau-Phase und dann kommt der Orgasmus. Die Atmung wird flacher, sie wird schneller, die Gesichtshaut errötet erkennbar, einige Frauen schwitzen auch leicht und der ganze Körper krampft. Bei einigen zittern die Schenkel. Wirft man also einen Blick auf die Becken- und Beinregion, kann man einen echten Orgasmus gut erkennen. Das kann man nicht so easy faken. In vielen Filmen sehe ich oft ein ständiges Rumgestöhne ohne diese körperlichen Merkmale. Aber wie bereits beschrieben ist der weibliche Höhepunkt in Amateur-Filmen nicht so wichtig. Wir können die Männer nicht ändern, die machen nun mal den Großteil der Pornokonsumenten aus. Ich finde, dass jede Frau sich im Film wohlfühlen sollte. Ob jetzt mit echtem Orgasmus oder nicht. Meine Pornos sind immer »gefilmte Liebe«, ein gefilmter und natürlich szenisch überzogener, aber dennoch ein Liebesakt.

Und zu guter Letzt kann ich, zumindest was mich betrifft, mit dem Mythos Bisexualität und den Girl-Girl-Szenen aufräumen. Ja, ich habe schon einige Lesben-Szenen gedreht und solche Pornos verkauft. Aber auch hier muss immer die Chemie stimmen. Ich würde es niemals mit einer mir vor die Nase gesetzten Frau machen. Ich bin nicht bisexuell, aber es verkauft sich halt besser, wenn man diese Offenheit suggeriert. Auf meinem alten Pornoportal stand in meinem Steckbrief, dass ich bi bin. Das, was ich bisher an Girl-Girl-Szenen gemacht habe, das hat mir Spaß gebracht. Gar keine Frage! Mir hat es auch gefallen, andere Darstellerinnen zu berühren und vor der Kamera oral zu befriedigen. Aber es entspricht nicht meiner Neigung. Ich stehe auf Männer und auf Sex mit Männern. Die Lesben-Szenen waren für mich eine gute sexuelle Erfahrung, aber es kickt mich nicht. Es gibt natürlich einige Darstellerinnen, die auch wirklich auf Frauen stehen. Aber die Mehrheit macht es tatsächlich nur für und vor der Kamera. Ich finde: Solange es Spaß macht und der Pornoguckende das auch sieht - warum denn nicht?

SEX OHNE KAMERA IST AUCH GEIL

Ich nehme das diesem Part schon mal vorweg: Am Ende dieses Kapitels erfahrt ihr, worauf ich im Bett privat so stehe und worauf nicht. Ich erlebe es oft auf Instagram, dass ich solche Fragesticker geschickt bekomme. Dann will ich die Antworten hier mal für die Ewigkeit festhalten.

Aber erst einmal schildere ich hier den Unterschied zwischen beruflichem und privatem Sex. Der ist ganz einfach. Beim beruflichen Sex ist alles an einige Vorbereitungen geknüpft. Ich muss mich für den Dreh schminken und stylen und das frisst Zeit. Und wenn ich privat Sex habe, dann fällt all das weg. Wir können einfach übereinander herfallen, ohne dass ich vorher eine Stunde im Badezimmer verschwinden muss. Ohne dass der Sex einem Storytelling folgen muss. Das ist auch mal sehr befreiend. Denn beim Drehen weiß ich natürlich, wo die Kamera gerade ist, wie ich mich inszenieren muss und wie ich in die Kamera schaue. Und natürlich auch, aus welcher Perspektive ich gut aussehe und wo ich später den Cut setzen muss. Bei so viel Akribie geht es dann auch schon mal unter, dass ich meinen Sexualpartner anschaue. Beim privaten Sex kann ich also auch immer wieder Blickkontakt haben, das hat dann noch mal eine andere Intensität.

Ich bin privat ungeschminkt, vielleicht im Pyjama oder in meinem Lieblings-Kuschel-Look. So würde ich natürlich keinen Pornofilm drehen. Das wäre eine Seite von mir, die zu privat ist. Da mein Lebenspartner in den meisten Fällen auch mein Drehpartner gewesen ist, findet der Sex dann auch mit dem gleichen Partner statt. Das größte Missverständnis, das es in meinem Job gibt, ist, dass man mich teilen müsste. Dem ist aber nicht so, denn im Grunde teilt mein Partner mich nur mit der Webcam. Dort gehe ich live, dort ziehe ich mich auch aus. Aber Sex habe ich nur mit meinem Lebenspartner – mit und ohne Kamera.

Ich hatte beispielsweise mal einen Pornodreh geplant, nachdem ich einen Pressetermin in Berlin hatte. Für diesen Film buchte ich eine große Hotelsuite mit bodentiefen Fenstern für mich und meinen Freund. Diese Fenster hatten keinen geringeren Zweck, als sich perfekt für eine sogenannte Public-Szene zu eignen. Also eine Szene, in der ich dem Pornoschauenden suggeriere: Hier kann uns gerade jeder beim Sex am Fenster zuschauen. Aber irgendwie überkam es mich und meinen Freund an dem Tag so sehr, dass wir gar keine Lust hatten, einen Film zu drehen. Also trieben wir es ganz privat ohne Kamera. Und natürlich am Ende auch ohne Filmmaterial.

Dafür ließ ich mir dann auf der Heimfahrt schnell noch einen Titel und ein Storytelling für meinen nächsten Film einfallen. »Spontane Spermaladung Outdoor« nannte ich den Film. Für die perfekte Outdoor-Szene haben wir über Google Maps einen kleinen Feldweg ausgemacht und ich habe meinen Blowjob dann im Auto gefilmt. Ich nehme auch vieles, was ich privat im Bett ausprobiert habe, mit in meine Filme.

Da gab es zum Beispiel mal ein Fesselspiel, bei dem mein Freund mich an den Händen und Füßen fesselte und mit einem Vibrator stimulierte. Wir fanden die ganze Aktion so scharf, dass ich genau das im Film ausprobieren wollte. Um das Ganze zu toppen, kaufte ich mir eine Liebesschaukel und habe mich dann vor der Kamera mit verbundenen Händen wieder stimulieren lassen. Dann verpasste ich dem Film den Titel »Mit Orgasmen gequält, bis die Tränen kommen«. Das klingt ziemlich hart, aber das ist nun mal beim Porno die Tonalität. Dann habe ich den Film mal als kleines Experiment hochgeladen, um zu schauen, wie das ankommt. Weil ich in der Rolle der Devoten war, gefiel das vielen Usern.

Ich bekomme beides, beruflichen und privaten Sex, gut unter einen Hut. Und wenn mir eine Woche mal gar nicht nach einem Pornodreh zumute ist, dann produziere ich in weiser Voraussicht auch schon mal ein paar Filme vor.

Und stehe ich auf alle Pornokategorien, nur weil ich eine Pornodarstellerin bin? Nein! Ich bin mit Sicherheit offen, aber auch nicht völlig tabulos. Einen Dreier, egal ob mit einer weiteren Frau oder einem weiteren Mann, würde ich aktuell weder für meinen privaten noch für meinen beruflichen Sex haben wollen. Ebenso wenig gibt es bei mir Rimming, weder aktiv noch passiv. Der Körper hat so viel Fläche zum Lecken, daher kann ich auf das Arschloch-Lecken getrost verzichten. Fäkalien möchte ich auch nicht bei mir im Bett haben, weder die Sektdusche noch den Kaviar.

Eine Sache, die ich auch überhaupt nicht ausstehen kann, ist anrotzen. Ich hatte mal etwas mit einem Typen, der mir auf die Pussy gerotzt hat. Dem habe ich aber was erzählt. Total der Abturner. Das Thema Cunnilingus (Pussy-Lecken, also die weibliche Scham mit der Zunge verwöhnen) hatte ich hier im Buch ja schon ein wenig behandelt. Das mag ich. Aber nur, wenn es nicht an Lassie erinnert oder wenn ich wie eine Leckmuschel bearbeitet werde. Vorher Knoblauch essen und mich dann mit der Zunge verwöhnen? Nein danke. Das turnt mich sonst total ab und da verzichte ich lieber!

Was auch nicht in der Reihe der No-Gos fehlen darf, ist das Rumgestochere beim Fingern. Die »Stocherer« haben bei mir Hausverbot und bei vielen anderen Frauen mit Sicherheit auch. Dann haben so manche Männer die Eigenart, ihre Liebste einfach unvermittelt anzugrapschen. Das kann ich auch nicht leiden, dem muss schon ein bisschen etwas vorausgehen. Zumindest ein Signal meinerseits. Ansonsten verzichte ich als Vegetarierin gern auf einen Zungenkuss nach einer Haxe und finde Penis- und Klitoris-Piercings auch nicht anziehend. Meins ist es auf jeden Fall nicht. Ansonsten bin ich naturgemäß für das Allermeiste offen. Und was mag ich?

Da werde ich jetzt keine Details nennen, sonst enden die Aufzählungen hier nicht. Aber ich finde Manieren beim Mann stark und wichtig. Ein gepflegtes Äußeres, dazu gehört die tägliche Zahnpflege genauso wie gepflegte Hände. Einem Busch im Schambereich kann ich nichts Gutes abgewinnen, aber mit einer schön gestutzten Intimfrisur bin ich total happy. Und: Ich finde es toll, wenn der Mann sich mit der Anatomie des weiblichen Körpers gut auskennt und er mit Fingern und Zunge gut umgehen kann. Genauso wichtig finde ich auch, wenn Männer mit der Menstruation gut umgehen können und Verständnis dafür aufbringen. Dann bin ich auch einmal mehr bereit, an solchen Tagen für ausreichend Befriedigung zu sorgen. Und ich mag auch privat Analsex und Cumshots, sehr gern sogar.

USER HENRIK: INSPECTOR DOOFY

Natürlich verirren sich manchmal Spaßvögel in meine Webcam. Typen, die meinen, sie seien ganz besonders lustig. Dann geben sie vor, auf etwas zu sehr Schräges zu stehen, oder verlangen von mir etwas Absurdes – und ehe ich reagieren kann, verschwinden sie einfach und sind offline. Klar, das nervt. Aber so oft kommt das auch nicht vor.

Ein ähnliches Gefühl hatte ich, als ein User, der sich Henrik nannte, eines Abends in die Webcam kam. Er fragte mich ohne Umschweife, ob ich schon mal gesehen hätte, wie ein Mann Sex mit einem Staubsauger hat. Ich ging von einem Bluff aus. Vielleicht ein paar Kumpel, die sich einen Spaß machten und mich ein wenig veräppeln wollten. Doch anders als erwartet, ging der User nicht offline, sondern blieb und schob einen Staubsauger ins Bild. Ich schätzte Henrik so auf Anfang oder Mitte dreißig und er war ziemlich gut gebaut. Er sah fast aus wie ein Fitness-Model und trug mit seinen hellblonden Haaren einen Man Bun. Das ist so eine Dutt-Frisur, wie man sie bei Frauen kennt oder coolen Fußballspielern. Henrik traute sich aber nicht, das Mikro anzumachen. Daher kommunizierten wir über die Chatfunktion, während ich ihn in der Webcam sah.

Er schrieb mir, dass er noch bei seinen Eltern wohnte und er noch Jungfrau sei. Dass er noch bei seinen Eltern wohnte, konnte ich mir gut vorstellen. Denn die Möbel im Hintergrund wirkten eher altbacken und der Teppich erinnerte mich auch ein wenig an das Inventar bei meiner Oma. Das mit dem Jungfrauen-Status konnte ich natürlich nicht überprüfen. Nach dem kurzen Hin- und Hergetippe zog er seine Boxershorts aus und schrieb, dass seine Eltern nicht zu Hause seien. Und er erklärte mir, dass er seinen ersten Sex mit einem Staubsauger gehabt hätte. Sein Wortlaut war dabei: »Ich habe mit einem Staubsauger gebumst.« Mein erster Gedanke bei dieser Szenerie war die Figur Inspector Doofy aus dem Hollywood-Film »Scary Movie«. Ich glaube, einige von euch können diese Assoziation gut nachvollziehen!

Dann legte Henrik los, steckte seinen Penis in die Öffnung, die normalerweise mit dem Staubsauger-Schlauch verbunden ist, und trieb es mit dem blauen Haushaltsgerät. Ich ging davon aus, dass der Staubsauger-Beutel, der in der Regel hinter dieser Öffnung liegt, eine Gummi-Lippe hatte. Andernfalls müsste das bei der Reibung ja schmerzhaft für ihn gewesen sein. Aber bestätigen kann ich diesen Fakt an dieser Stelle leider nicht. Während er den Staubsauger durchnahm, chatteten wir wechselseitig. Ich fragte Henrik, ob er auch einen Namen für das Gerät hatte. Er bestätigte es und schrieb: »Ja, Almut. So wie meine Mutter heißt.« Natürlich schluckte ich in dem Moment, weil hier kamen doch viele sehr schräge Begebenheiten zusammen. Dann fragte ich ihn, ob seine Mutter wüsste, dass er Sex mit dem Staubsauger während ihrer Abwesenheit hat. Er verneinte meine Frage und trieb es unbeeindruckt mit dem Gerät weiter. Nach etwa einer Viertelstunde ejakulierte er lustvoll in den Staubsauger, zog sich an und verstaute das alte Vorwerk-Teil in einem Abstellraum. Er bedankte sich höflich dafür, dass er sein kleines Geheimnis mit mir teilen konnte. Ich fragte ihn zum Abschied, ob seine Mutter zu Hause die Hausarbeit inklusive des Staubsaugens erledigte. Und Henrik erwiderte: »Ja, das macht sie und sie wünscht sich endlich einen neuen Sauger, weil der alte so stinkt.«

Fake Friends im Pornobusiness

VOLL AUFS FALSCHE PFERD GESETZT

Der große Vorteil am Amateur-Pornobusiness ist die Selbstbestimmtheit der Frau. Selbst wenn bei den meisten Frauen im Hintergrund ein Mann die Strippen mitziehen darf, leben die meisten Frauen nur das aus, was sie auch wollen. Dieser Zustand macht das Miteinander unter uns Sexworkerinnen angenehm. Man trifft sich auf Messen, mag einander, vertraut mit der Zeit auch der einen oder anderen und es können sich sogar echte Freundschaften entwickeln. Aber wie es im Leben eben ist, gibt es auch die Leute, in denen man sich täuscht. Diese einschneidende Erfahrung musste ich leider auch machen.

Es gab in meiner Anfangszeit einige besondere Darstellerinnen. Welche, die besonders erfolgreich waren und die angehimmelt wurden – von anderen nicht so erfolgreichen Darstellerinnen. Betty war so eine. Sie hatte den Style, den keine hatte, sah aus wie ein Porzellan-Püppchen mit dem perfekten Body und war immer perfekt geschminkt. Keine war wie sie. Sie wirkte ein bisschen wie ein US-Import, weil sie einfach so makellos erschien. Und dazu waren sie und ihr Freund die Shootingstars der Branche und ihr folgten Hunderttausende auf Social Media. Einige Amateurinnen ahmten sie nach oder gaben sich den gleichen Namenszusatz, wie sie ihn hatte. Bombshell. Als würde das den eigenen Erfolg boostern. Aber sie blieb in den Rankings auf dem Pornoportal und vor allem auf Social Media der unangefochtene Star der ganzen Szene.

Irgendwann nach meiner ersten Venus, nachdem ich also nicht mehr ganz so grün hinter den Ohren war, wurden eine Handvoll Darstellerinnen zu einem Gruppen-Dessous-Fotoshooting für das Portal eingeladen. Das bedeutete für die unnahbare Betty, dass sie zumindest für das Video- und Fotoshooting mit uns anderen Frauen interagieren musste. Das lag ihr so gar nicht, weil sie grundsätzlich eher unnahbar war.

Ich war aufgeregt, sie aus der Nähe zu erleben, und bewunderte ihre teuren Dessous. Darauf legte Betty großen Wert. Während des Shootings hatte ich das Gefühl, dass sie ganz vorsichtig versuchte, mit Blicken Kontakt zu mir aufzunehmen. Ich erwiderte den Kontakt mit Blicken und lag mit meinem Gefühl scheinbar nicht daneben. Denn im Anschluss an das Shooting gingen wir noch mit allen Darstellerinnen und der Foto-Crew in eine Bar. Plötzlich tippte mich Henry von hinten an. Er war der Freund von Betty und redete für gewöhnlich mit niemandem. »Hanna, kann ich dich kurz allein sprechen?«, fragte er mich und ich bejahte das. »Wir beobachten dich und deine Rankings auf dem Portal seit einer Weile. Du bist sehr erfolgreich mit dem, was du machst. Aber warum hast du keine Hardcore-Filme?«, begann er das Gespräch.

Völlig unvorbereitet auf diese Situation erzählte ich in meiner Aufgeregtheit in Kurzform meine Story. Dass mein Freund und ich uns getrennt hätten und ich keinen Drehpartner hätte. In dem Moment muss er gedacht haben: Bingo, der Fisch hat angebissen. Er holte Betty zu unserem Gespräch dazu und erzählte ihr dann von meinem Dilemma. Sie konnte tatsächlich lächeln, auch wenn die Kamera nicht auf sie gerichtet war, und wirkte total herzlich. Henry bot mir an, dass sie mich gern bei meiner noch jungen Karriere unterstützen würden. Um Genaueres zu besprechen, würden sie mich dazu gern bei sich zu Hause treffen wollen. Ich willigte ein und konnte mein Glück in dem Moment gar nicht fassen. Hatten mich gerade wirklich die Überflieger der Branche höchstpersönlich zu sich nach Hause eingeladen? Würden die sich wirklich meiner annehmen und mir bei meiner Karriere helfen können? Ich war so erstaunt und happy zugleich, dass die mich auf dem Schirm hatten. Das muss ja wirklich etwas bedeuten! Wenn so ein Star meine Rankings verfolgt und für gut befindet.

Unser kleiner Plausch abseits der anderen blieb natürlich nicht unbemerkt. Ich spürte die Blicke im Nacken und wusste, dass das Plauderstoff in der Szene war. Betty, Henry und ich tauschten unsere Handynummern und verabredeten uns für das übernächste Wochenende bei ihnen zum Abendessen.

DAS GROSSE VERSPRECHEN

Ich war sehr aufgeregt, als ich zu Betty und Henry nach Hause fuhr. Die beiden hatten sich weit außerhalb von Hamburg ein Eigenheim geschaffen. In so kurzer Zeit kam Betty mit ihren Pornos zu einer Menge Kohle. Dort angekommen, staunte ich nicht schlecht. Die breite Auffahrt war gesäumt mit vielen Bäumen, ähnlich einer Allee. Das Haus wirkte auf mich herrschaftlich und davor parkte ein fetter SUV. Ich würde behaupten, dass die wenigsten wussten, wie die beiden lebten und wie gut es ihnen finanziell ging. Sie haben alles richtig gemacht, dachte ich.

Betty schmiss damals ihren Job als Chemie-Laborantin und Henry beendete vorzeitig sein Studium. So die Legende um deren Leben, bevor Betty ein Pornostar wurde. Sie waren ein Team, und jetzt wollten diese jungen Leute mich mit auf die Überholspur nehmen. Ich war so happy. Ich parkte meine kleine Pepper, meinen geliebten Mini, hinter ihrem fetten SUV und klingelte.

Betty öffnete ganz lässig im hellgrauen Jogginganzug, aber top geschminkt, und bat mich rein. Der Eingangsbereich wirkte auf mich wie ein Atrium. Lichtdurchflutet, üppig und überall strahlten mich helle und glänzende Fliesen an. Ein Kätzchen huschte durch den Flur und Henry grüßte aus der offenen Küche. Ich nahm dann im Wohnzimmer Platz und wir drei hielten einen Small Talk bei Softdrinks. Henry bestellte parallel etwas beim Chinesen. Es würde wohl ein längeres Treffen werden, dachte ich. Henry fiel gleich mit der Tür ins Haus: »Kannst du dir vorstellen, warum wir dich eingeladen haben? Ich sag es dir: Wir sind an einem Punkt, an dem wir viel erreicht haben. Und wir wollen dich, denn du bist fleißig und jetzt schon sehr erfolgreich.« Henry wiederholte, was er in der Bar nach dem Shooting vor zwei Wochen gesagt hatte: »Wir wollen das, was wir mit Betty in vier Jahren geschafft haben, mit dir in einem Jahr schaffen. Ich würde mich als Drehpartner zur Verfügung stellen und du darfst auch mit Betty drehen.«

Wow, dachte ich. In der Branche will man doch mit den Großen zusammenarbeiten und genau das passierte hier jetzt gerade. Die beiden wollten nie mit anderen Darstellerinnen etwas zu tun haben, dachten immerzu nur an das Geschäft. Ich ging meinen Weg als Frau allein in dem Business, das war ungewöhnlich und sie wollten mir unter die Arme greifen. Das war meine Erklärung für ihren Support und ich fühlte mich sicher. Während wir aßen, fragten die beiden mich aus. Sie wollten wissen, mit welcher Technik ich drehte, ob ich die Filme selbst schnitt, worauf ich im Bett wirklich stand und ob meine Orgasmen wirklich echt waren.

Dann besprachen wir, wie die Form der Zusammenarbeit aussehen würde. Fest stand, ich würde in beiden einen Drehpartner für meine zukünftigen Pornos haben. Ich sah das als große Chance, denn ich hatte keinen Mann zum Drehen und sie war der wohl bekannteste Amateur-Pornostar. Henry schilderte sachlich und ohne dass Betty ein einziges Wort sagte, was die Konditionen waren. Ich sollte monatlich eine vierstellige Summe an die beiden zahlen. Als Gegenleistung konnte ich mit ihnen Filme produzieren und sie würden mehrere Feedposts und Stories auf Instagram und Facebook mit Fotos von mir machen. Die gedrehten Filme wollten wir untereinander aufteilen und auf verschiedenen Pornoportalen zum Verkauf anbieten, sodass jeder etwas davon hatte. Wir verabschiedeten uns am späten Abend und ich willigte noch vor Ort ein.

Henry kümmerte sich anschließend um die Verträge und für mich schien alles sauber zu sein. Ich war und bin auch heute kein besonders misstrauischer Mensch. Ich war einfach dankbar, wenn man so will. Betty hatte eine unglaubliche Reichweite. Auf dem Pornoportal und auf Social Media. Ein Post in ihrem Feed oder in ihrer Story und gemeinsame Filme mit ihr waren aus meiner Sicht das von ihnen verlangte monatliche Honorar wert.

Aus ihrer Sicht fehlte aber noch ein bisschen Marketing. Weshalb sie mich wenige Tage später baten, ein teures Merchandising-Shooting zu machen. Auf eigene Kosten versteht sich. Mir erschien das wenig sinnvoll, da ich ja kaum Reichweite hatte. Aber ich wollte gerade am Anfang nichts infrage stellen und willigte ein. Ich bezahlte rund 2500 Euro für den Fotografen und die Hotelsuite in Hamburg. Das Hotel wusste nichts von dem Erotik-

Shooting, sonst wäre es wahrscheinlich noch teurer geworden oder erst gar nicht zustande gekommen. Henry und Betty begleiteten mich zum Shooting mit ihrem ausgewählten Fotografen. Betty gab mir einige Styling-Tipps und legte sich dann im Nebenzimmer schlafen. Das war schon strange und unmotiviert, aber ich dachte mir, dass jeder mal einen schlechten Tag haben kann.

Henry schaute die ganze Zeit beim Shooting zu und gab mir Tipps für die Posen. Als wir fertig waren, durfte ich den Fotografen in bar und ohne Rechnung oder Beleg bezahlen. Und er schlief auch noch in der Suite, die ich bezahlte. Das alles fühlte sich nicht richtig gut an, aber ich nahm es erst mal so hin. Ich war naiv. Leider brachten mir die Bilder und der daraus entstandene Kalender gar nichts. Ich machte ein fettes Minus und musste jede Menge Kalender wegschmeißen, weil die halt wie sauer Bier bei mir liegen blieben. Ich nahm es sportlich und schaute nach vorn. Die beiden waren Profis und das war erst der Anfang. Der Anfang einer starken Zusammenarbeit, dachte ich.

PORNODREH IM EINFAMILIENHAUS

Per Whatsapp stimmten wir uns ab, wie unsere ersten Pornodrehs vonstattengehen sollten. Henry schrieb mir, dass ich mehrere Outfits mitbringen sollte, denn wir würden gleich mehrere Filme produzieren. Welche mit ihm, einen mit Betty und mir und ein Dreier sollte auch dabei sein. Ich war superaufgeregt, weil es am Ende ja doch fremde Leute waren. Aber ich versuchte, das Ganze geschäftlich zu betrachten. Wir alle verdienten unser Geld damit und wir vermarkteten fortan unsere Kooperation.

Ich versuchte, mich während der Fahrt dorthin zu beruhigen. Die Ruhe hielt nicht lange, denn die beiden schrieben mir noch während der Fahrt, dass sie für die ganze Session nicht so viel Zeit hätten. Denn sie wollten nach dem Pornodreh noch zu den Schwiegereltern.

Wir fingen in deren Wohnzimmer an. Henry hatte die Kameratechnik schon vorbereitet und Betty und ich gingen meine Outfits in meiner Sporttasche durch. Irgendwie stand ich neben mir, weil ich mich schwertat, es mit dem Freund von Betty vor ihren Augen zu treiben. Außerdem dachte ich, findet der mich überhaupt sexy? Was ist, wenn ich ihn nicht errege? Mir ging alles Mögliche durch den Kopf. Aber ich schob diese Gedanken beiseite.

Die erste Film-Einstellung begann direkt mit Henry. Nach ein wenig Dirty Talk blies ich ihm einen und sie schaute uns dabei die ganze Zeit zu und sie verzog dabei keine Miene. Sie hatte ein richtiges Pokerface. Ich versuchte, mir nichts anmerken zu lassen, und konzentrierte mich auf die Kamera. Dann überkam mich Unsicherheit. Wie sah ich vor der Kamera aus? Würde Betty mich jetzt hassen? Das ganze Setting war für mich einschüchternd, die beiden hingegen spulten ihr Programm völlig lässig, ja fast roboterartig ab. Der Kamerafokus war auf meinem Po. Dann kam Betty in einer

Szene dazu. Es wurde ein Dreier, bei dem Henry mich und Betty durchnahm. Die Story des Films war, dass er auf den Arsch einen Cumshot machte, der es am meisten verdient hat. Das waren nicht der Spaß und die Lust, die ich sonst bei meinen Solo-Filmen hatte. Aber ich riss mich zusammen. Betty bekam als Shootingstar natürlich die Ladung ab.

In der Drehpause besprachen die beiden mit mir, dass wir eine weitere Szene mit einer Tube Fake-Sperma drehen würden. Denn sie wollten ja noch mehr Filme an dem Abend produzieren. Für sie reine Routine – für mich befremdlich. Aus den Filmen sollte ein Mehrteiler werden, damit wir alle was davon haben. Dann ging es weiter.

Betty und ich sollten unsere Lesben-Szene drehen. Für mich war es damals die erste Erfahrung dieser Art. Entsprechend aufgeregt war ich. Noch immer kreisten Gedanken in meinem Kopf, wie sie es wohl fand, dass ich es gerade mit ihrem Freund getrieben hatte. Sie wendete sich, bevor die Kamera lief, Henry zu und sagte ihm, wenn er Spaß haben darf, dann kann sie das auch. Das wirkte auf mich irgendwie wie eine Kampfansage.

Stranges Pärchen, die beiden, dachte ich. Dann fingen wir an, uns zu küssen und zu streicheln. Betty war erfahren. Sie wusste genau, wie man so eine Girl-Girl-Szene dreht. Sie zog sich und mich aus und ich fing an, sie kurz oral zu befriedigen und zu fingern. Ich gab mir große Mühe dabei, leidenschaftlich auszusehen und auch erfahren zu wirken. Irgendwann merkte ich dann aber, dass Betty auf der Couch immer erregter wurde. Sie bekam leicht fleckige Gesichtsröte und ihr Unterleib zuckte und die Beine zitterten. Ich hatte das Gefühl, dass der Orgasmus kein Fake war. Mit ihrem Orgasmus endete diese Szene. Im Anschluss sagte sie mir, sie sei gekommen. Immerhin habe ich da wohl alles richtig gemacht.

Wir drehten an dem Abend noch einen weiteren Film im Souterrain des Hauses mit Storytelling. Ich sollte in dem Raum, der wie ein Büro eingerichtet war, die Sekretärin spielen, die ihren Chef verführt. Hier kam die Tube Fake-Sperma zum Einsatz, denn der Film endete mit einem Creampie bei mir. Die Filme kamen später bei den Verkäufen gut an. Die Filme mit Betty hingegen nicht.

Nachdem wir das alles im Akkord abgedreht hatten, gab es am Ende ein High-Five. Die künftige Kommunikation sollte dann nur noch per Whatsapp laufen. Auf dem Heimweg fühlte ich mich leer. Ich dachte: Das ist nicht das, was ich wollte. Es fühlte sich wie ein Profi-Pornoset an, aber nicht selbstbestimmt. Die Verträge waren aber bereits unterschrieben und vielleicht wurden die Filmproduktionen ja noch angenehmer für mich. Vielleicht brauchte ich einfach Zeit, dachte ich.

Doch bevor es überhaupt dazu kommen sollte, bekam ich eine Nachricht von Henry. Ich sollte mir jetzt doch einen eigenen Drehpartner suchen. Ich hatte aber keinen und meine Filmverkäufe brachen nach den ersten richtigen Pornos ein. Denn ein Solo war jetzt nicht mehr so begehrt. Das Honorar aus dem Berater-Vertrag lief aber weiter und ich musste es ihnen monatelang noch überweisen. Die beiden hielten sich aber nicht an Absprachen, sie posteten auf Social Media keinen Content von mir. Und in den Pornos, die sie zum Verkauf auf den Pornoportalen anboten, war ich ein Nobody. Sie haben mich nicht einmal genannt. Alles schien wie eine einzige Verarschung, denn Betty und Henry hielten sich an keine einzige Absprache.

Ich war unendlich enttäuscht, es tat mir sogar richtig weh. Immerhin war ich mit den beiden intim gewesen. Aber Henry spielte auf Zeit und versuchte, mich immer wieder hinzuhalten. Doch jedes weitere leere Versprechen war ein Schlag in die Magengrube. Ich fing an, mich über mich selbst zu ärgern. Meine grenzenlose Naivität, mein fehlender sechster Sinn – einfach alles. Schon wieder ein Scherbenhaufen. Schon wieder Menschen, denen ich vertraut habe und die mich ausgenutzt haben. Ich entschloss mich, das Ganze auf einer anderen Ebene zu spielen und engagierte einen Anwalt. Von da an gab es zwischen uns keinen Kontakt mehr und ich wartete auf das Gerichtsverfahren – bis heute.

Ich rappelte mich nach dieser menschlichen Enttäuschung und finanziellen Pleite wieder auf und versprach mir, dass fortan niemand mehr eine bestimmende Rolle in meinem Business haben wird. Wenn im Business Freundschaften entstehen, dann gern – aber falsche Fuffziger kommen nicht mehr in mein Leben.

Nachhilfe vom Pornostar: Wie funktioniert ein Blowjob?

Es ist kein Geheimnis: Die allermeisten Männer stehen auf Französisch und bekommen gern einen geblasen. Als »französischen Sex« bezeichnet man die orale Stimulation der Geschlechtsorgane. Beim Mann nennt man es Fellatio, den meisten ist es aber sicherlich am besten als Blowjob bekannt. Aber wie geht der perfekte Blowjob eigentlich? Fest steht: Jeder Mann mag es natürlich anders. Der eine mag es fester, den anderen macht das Zungenspiel rund um die Eichel an ohne großes Blasen. Ich fange ja immer gern von vorn an, deswegen nähern wir uns erst einmal dem Objekt der Begierde.

* * *

Liebe Frauen, ein erigierter Penis wirkt natürlich ganz anders als ein Penis im schlaffen Zustand. Vielleicht seid ihr auch ein wenig überrascht, wie groß er ist und wie sein bestes Stück in euren Mund passen soll. Und ich gebe hier Entwarnung: Man muss nicht den ganzen Penis in den Mund nehmen, denn er lässt sich auch mit leichten Spielereien wunderbar erregen. Ihr könnt mit euren Lippen leidenschaftlich die Eichel umspielen, an der Unterseite der Eichel befindet sich ja das Frenulum. Ich hatte euch ja bereits in diesem Buch von dem sogenannten Penisbändchen berichtet. Einige Männer empfinden die Stelle als besonders erogen. Deswegen wird es auch gern als der F-Punkt bezeichnet. An dieser sensiblen Stelle befinden sich viele Nervenenden, weshalb einige Männer auf eine vorsichtige Stimulation dort besonders abfahren. Aber Achtung: Das empfindliche Bändchen bitte nicht mit spitzen Fingernägeln oder den Zähnen berühren. Leichtes Massieren mit der Zunge oder Saugen ist hingegen für viele Männer ein Genuss.

* * *

Und es gilt: Der Sack ist nicht zur Zierde da, bezieht ihn also gern ins Liebes- und Zungenspiel mit ein. Um einen Blowjob gut und angenehm für beide Seiten zu gestalten, empfiehlt es sich, wenn er liegt und sie die Tiefe und Intensität steuern kann. Denn Männer neigen gern mal dazu, den Kopf der Frau zu nehmen, um diesen dann tiefer zu drücken. Da sollten die Fronten geklärt sein, denn nicht jede Frau möchte das ohne Absprache!

* * *

Womit wir dann auch schon beim nächsten Punkt angekommen wären: die Tiefe. Viele Männer wünschen sich einen sogenannten Deep Throat. Das Deepthroating ist eine Form des Oralverkehrs, bei dem die Frau den Penis bis zum Rachen in den Mund nimmt. Im Übrigen ein Suchbegriff, der auch auf Pornoseiten oft gefragt ist. Demgegenüber steht aber der Würgereiz, der ja ein ganz natürlicher und wichtiger Reflex und Schutzmechanismus des Körpers ist. Aber dieser Würgereiz lässt sich peu á peu trainieren. Gern verrate ich euch meine kleinen Tricks dabei. Zunächst erst einmal ganz unsexy: Ihr könnt vorerst allein mit einem Dildo üben und schauen, wann euer Würgereiz überhaupt wie intensiv einsetzt. Dann gibt es folgende Technik: Ihr öffnet eure Hand, legt den Daumen in die Mitte und drückt die Hand fest zu. In dem Moment liegt eure Konzentration nämlich auf dieser Aktion. Meine Erfahrung hat mir gezeigt, dass ich den Würgereflex dann ein wenig ausschalten konnte. Wem das nicht gelingen will, dem empfehle ich, sich ganz gezielt auf den Würgereiz zu konzentrieren und das Einsetzen abzuwarten. Manchmal gelingt es genau durch diese Konzentration darauf, den Würgereiz hinauszuzögern. Probiert beides einfach mal aus, wenn ihr gemeinsam Lust habt, das Thema Blowjob zu intensivieren.

* * *

Für die Fortgeschrittenen unter euch gebe ich euch noch die Stellung an die Hand, in der sie liegt und den Nacken leicht überstreckt. Hier kann er den Penis in ihren Mund einführen und hat durch den veränderten Winkel die Möglichkeit, tiefer zu gehen. Aber das ist wie erwähnt Fortgeschrittenen-Kram. Das Wichtigste ist, dass sie Gefallen und Lust daran findet, ihn mit der Zunge und den Lippen zu befriedigen – nur dann macht der »French Kiss« beiden Spaß.

Meine Schockmomente

USER SAMIR: SCHNIPP, SCHNAPP – VORHAUT AB

Viele Männer kommen zu mir in die Cam und wollen über ihren Penis sprechen. Allem voran geht es hierbei natürlich um die Länge. Gefolgt vom Gesamteindruck, über die Eichel bis hin zum Sack. Wer bisher gut aufgepasst hat, weiß, dass es auch Männer gibt, die hören wollen, dass sie einen besonders kleinen Penis haben. Der Großteil der User möchte aber Lob für den Penis bekommen. Ich gehe davon aus, dass die Anerkennung im eigenen Schlafzimmer oft fehlt. Manche stehen auch auf eine Punktevergabe! Ich bin da immer sehr ehrlich und beschönige nichts. Das muss Mann abkönnen.

Jedenfalls kam eines Tages ein Samir zu mir in die Cam. Ich hatte ihn vorher noch nie im Chat gesehen, auch nicht unter einem anderen Nickname. Samir kam direkt wichsend in die Cam und war ein Schnell-Spritzer. Einer, der ohne Worte und ohne dass ich etwas hätte sagen oder tun können, abspritzt. Im Anschluss wollte er mit mir über seine Vorhaut sprechen. Er wollte von mir wissen, ob seine Vorhaut zu lang ist oder nicht. Auch wenn ich sehr erfahren bin und naturgemäß viele Penisse in der Cam gesehen habe: Ich bin keine Urologin und konnte demnach nur eine Einschätzung abgeben! Was ich dann auch tat. Ich sagte Samir, dass seine Vorhaut auf mich nicht außergewöhnlich lang wirkte und ich konnte auch keine Phimose erkennen. Bei einer Phimose handelt es sich um eine sogenannte Vorhautverengung. Sie führt dazu, dass sich die Vorhaut nicht oder aber nur unter Schmerzen über die Eichel ziehen lässt. Das wiederum macht natürlich richtig große Probleme beim Sex. Aber das konnte ich nicht erkennen. Trotz des guten Zuredens konnte und wollte sich Samir nicht mit seiner Vorhaut abfinden. Ich riet ihm, dass er seine Vorhaut mal bei einem Urologen vorstellen sollte. Dort würden sich Fachleute ansehen, ob die Funktion der Vorhaut eingeschränkt ist.

Ich erklärte ihm noch, dass, wenn er die Vorhaut über die Eichel schmerzfrei vor- und zurückziehen und die Eichel sauber machen kann, doch eigentlich alles tippitoppi sei. Und wenn sich auch kein übermäßiges Smegma bildet, dann kommt er ja auch bei der Intimhygiene gut an die Eichel. Smegma, auch bekannt als sogenannter Eichelkäse, ist eine hellgelbe, klebrige und meist stinkige Masse, die sich beim Mann unter der Vorhaut auf der Eichel bildet. Wenn man dort schlecht rankommt, dann könnte das ein Hinweis auf eine Vorhautverengung sein. Aber das alles konnte ich nicht erkennen. Samir wirkte unzufrieden und unbefriedigt. Ich konnte ihm scheinbar nicht helfen.

Wenige Tage später erschien Samir eines Nachts wieder in meiner Cam. Er fing an, mir Vorher-Nachher-Fotos zu senden. Und dann sah ich sein Livebild. Sein Penis war in Taschentücher und in eine Mullbinde eingewickelt und Blut sickerte hindurch! Mir blieb die Sprache weg. Es dauerte einen Moment, bis ich ihn fragen konnte, was geschehen ist. Samir erzählte mir, dass er sich so brutal vor sich geekelt hat, dass er die Vorhaut weghaben wollte. Darum nahm er sich die große Stoffschere seiner Schwester und versuchte, sich die Vorhaut damit zu entfernen. Leider hörte aufgrund des dilettantischen Schnittes die Wunde nicht auf zu bluten. Er umwickelte seinen Penis mit weiteren Taschentüchern, doch das half nicht. Er bekam die Blutung natürlich nicht gestoppt.

Ich schrie ihn an, dass er sofort einen Rettungswagen rufen muss, da er sonst verbluten würde! Noch nie habe ich in der Cam jemanden angebrüllt, aber es ging hier nach meinem Kenntnisstand wirklich um echte Lebensgefahr. Denn der Penis ist ein sehr gut durchbluteter Schwellkörper, da kann man eine starke Blutung nicht so einfach stoppen. Ich blieb bei Samir in der Cam und leitete ihn an, wie er die Mullbinde als Druckverband einsetzen soll. Er gab keine Widerworte mehr, wählte den Notruf und machte erst die Cam aus, als die Ersthelfer in der Wohnung waren. Ich konnte die Rettungssanitäter auch hören und war beruhigt. Im Anschluss machte ich Feierabend, ich konnte an dem Tag keinen User mehr bedienen. Ich ließ das ganze Szenario noch mal Revue passieren und fragte mich, was gewesen wäre, wenn Samir nicht den Notruf gewählt hätte. Was hätte ich dann tun können? Ich fand zu keiner Antwort und brauchte ein paar Tage, um diese Erfahrung zu verarbeiten. Ich hörte nie wieder etwas von dem User, aber ich hoffe, dass er heute gesund und beschnitten ist. Von Ärzten!

SEINE STIEFTOCHTER

Die folgende Geschichte ist und wird auch hoffentlich der härteste Fall in meiner Karriere bleiben. Eine Geschichte, die jegliche Vorstellungskraft überschreitet, die erschüttert und einen Straftatbestand darstellen sollte. Aber von vorn:

Wie Hunderte andere Männer auch kam ein Mann in den Dreißigern mit Klamottenwünschen in die Cam. Das ist total gewöhnlich und die Vielfalt an Wünschen ist so groß wie die Auswahl an Kleidung und Kostümen selbst. Vom Wollpulli bis hin zu Nylons oder auch dem Blaumann ist alles dabei. Kennt ihr ja bereits. Natürlich sind auch mal Unterwäsche und Dessous dabei, die ich dann vorführe. Bei diesem Mann ging es explizit um Bademoden. Diese Tatsache stellte auch nach unzähligen Chats nichts Außergewöhnliches dar. Die Haptik von Bademode ist anders, könnte also reizvoll sein, dachte ich, und konnte diesen recht unspektakulären Chats nichts Außergewöhnliches beimessen.

Irgendwann fiel mir auf, dass der User gar nicht auf meine sexy Bikinis stand, sondern auf eher schlichte Modelle, manchmal auch auf die verspielten Varianten mit Pünktchen und kunterbunten Farben. Ich meine mich zu erinnern, dass sich diese Sessions, in denen ich Bikinis zeigte und anzog, über mehr als 15 Monate hinzogen. Eine Zeit, in der ich nicht viel über ihn erfuhr, aber er scheinbar Vertrauen schöpfte. So wie viele andere eben auch.

Irgendwann präsentierte er mir im Chat Bikinis und Badeanzüge, die ganz eindeutig Kindern zuzuordnen waren. Es war Kinderbademode mit Disney-Motiven darauf abgebildet. Ich fragte ihn, woher er die Sachen hatte, und er schilderte mir, dass er sie von seiner Nichte und seiner Stieftochter aus dem Schrank genommen hatte. Mir wurde ein wenig mulmig, denn ich wusste nicht, was es damit auf sich hat. Ich habe, was die Neigung zu Teenies angeht, ganz klare Regeln: Wenn ein Mann sich in der Cam wünscht, dass ich für seine Fantasie angebe, unter 18 Jahre alt zu sein, dann erzähle ich, dass ich das für nicht gesetzeskonform halte, und sperre die Person bis auf Weiteres. Bei dieser Geschichte hatte ich aber irgendwie das Gefühl, dass ich ihn noch nicht vom Wickel lassen sollte. Ich wollte wissen, worum es ihm geht. Ich wollte wissen, warum er die Bademoden kleiner, ihm scheinbar anvertrauter Mädchen klaute.

Ich ging es also behutsam an. Ganz beiläufig stellte ich Fragen, um der Sache auf den Grund zu gehen. Also wollte ich wissen, was er mit der Kleidung denn vorhätte. Der User erwiderte, dass er auf die Kleidung onanierte. Immer und immer wieder. Verdammt, hier stimmte etwas nicht, durchfuhr es mich! Das war kein Fetisch, hier ging es um etwas anderes. Also blieb ich fragend, aber freundlich an ihm dran. Er sollte kein Misstrauen bekommen. Einige Tage später fühlte er sich scheinbar noch sicherer und erzählte mir, wie alt seine Stieftochter war, mit der er in einem Haushalt wohnte. Das Mädchen war sechs Jahre alt. Im Chat schilderte er mir, dass er heimlich nachts zu dem Mädchen ins Kinderzimmer ging, ihm die Badesachen anzog und auf den Po des Kindes ejakulierte.

Ich wusste, wenn ich ihm jetzt sage, dass man das nicht darf und ich das verurteile, dann würde er sein Profil sofort löschen. Dann wären alle Beweise futsch gewesen. Und ich war schon seit Tagen dabei, die Beweise zu sammeln. Ich screenshotete jedes Foto, was er mir schickte, jeden Chatverlauf. Es wurde immer bedrückender, die Einzelheiten immer schlimmer zu ertragen. Es dauerte zwei Tage, dann hielt ich es nicht mehr aus. Ich hatte zudem das Gefühl, dass ich inzwischen genug Beweise hatte sammeln können. Ich wollte mich nicht weiter mit diesem Menschen abgeben! Ich wollte, dass dieser Typ den Ermittlungsbehörden ins Netz geht.

Also gab ich ihm zu verstehen, dass ich das, was er tat, verurteile und er sich damit strafbar machen würde.

Das war's dann natürlich. Er versuchte, sich dann noch zu erklären, und rechtfertigte seine Taten mit echter Liebe zum Stiefkind. Und dann war sein Profil gelöscht. Damit war er in die Tiefen des Internets verschwunden! Anonym und nach außen unbescholten, als der liebe Stiefpapa, der in Wahrheit nachts womöglich eine Sechsjährige missbraucht. Ein schrecklicher Gedanke für mich. Natürlich hatte ich aber alle Beweise, die ich brauchte, um zur Polizei zu gehen.

Ich speicherte alles auf einem USB-Stick, um zur nächsten Polizeiwache zu gehen. Auf dem Weg dahin beschlich mich eine Unsicherheit. Würden die Polizisten mich dort aufgrund meines Berufes ernst nehmen, würden sie sich die Beweise anschauen und würde man der Sache wirklich nachgehen? Mir schlug das Herz bis zum Hals und meine Stimme wurde brüchig, als ich dem Beamten meine Story schilderte. Es brauchte keine zwei Minuten, da wurde ich in einen anderen Raum zu einem Polizisten gebracht, der sich das ganz ausführlich von mir erklären ließ. Man nahm mich ernst, man nahm meine Sorgen ernst und ich ließ meinen USB-Stick auf dem Polizeikommissariat zurück. Ich fühlte mich federleicht, als ich das Gebäude verließ. Ich wusste, dass ich das Richtige getan hatte. Aber wie ging es wohl weiter, würde der Fall wirklich verfolgt werden und wenn ja, wie?

Da ich durch einige Presseinterviews inzwischen ein paar Journalisten kannte, entschied ich mich, mich zweien anzuvertrauen. Ich erzählte einem Zeitungs-Reporter einer großen Tageszeitung und einer TV-Journalistin von meiner Geschichte. Beide sprangen sofort darauf an und fingen an zu recherchieren. Ich erfuhr durch sie, dass der Fall schnell bei der Staatsanwaltschaft gelandet war und bereits ein Ermittlungsverfahren eingeleitet worden war.

Es vergingen Monate und nichts geschah. Ich machte mir zunehmend Sorgen, dass man dem Typen niemals habhaft werden würde. Dass er sich einfach aus dem Staub machen konnte, ohne sich für seine Taten zu verantworten. Aber da machte ich die Rechnung scheinbar ohne den Wirt. Oder besser gesagt ohne die beiden Journalisten. Die beiden blieben scheinbar sehr hartnäckig an dem Fall dran, sodass ich kurze Zeit später erfuhr, dass es zu einer Hausdurchsuchung bei dem User kam. Und: Die Polizei hat wohl jede Menge Datenträger bei dem User sichergestellt. An dieser Stelle muss ich auch betonen, dass die Staatsanwaltschaft und die Kriminalpolizei sehr viel Energie in den Fall gesteckt haben sollen. Sie mussten, soweit ich weiß, Unmengen an Bildern und Fotos sichten. Material, das unendlich belastend sein muss. Ich habe einen Riesenrespekt vor deren Arbeit.

Es folgten wieder Monate des Wartens für mich, für die Journalisten und mit Sicherheit auch für die Ermittler. Mit denen ich im Übrigen nie Kontakt hatte, da ich nur Zeugin in diesem Fall gewesen war.

Im Winter 2020 erreichte mich dann von meiner inzwischen Reporter-Freundin die erlösende Nachricht!

Der Typ muss sich tatsächlich vor Gericht verantworten, bei ihm konnte belastendes Material kinderpornografischen Inhalts gefunden werden. Ich hätte am liebsten eine Flasche aufgemacht, wäre es nicht so ein düsteres Thema gewesen. Als klar war, dass sich der User vor Gericht verantworten musste, ging die Presselawine los. Ich war bei Deutschlands größter Tageszeitung live im Online-Interview, Fotos wurden von mir gemacht und ich erschien ernst dreinschauend in einigen Zeitungen. Ich gab mehrere TV-Interviews, in denen ich schilderte, wie ich den Typen in die Falle gelockt hatte. In einem TV-Beitrag kam die Kriminalpsychologin Lydia Benecke zu Wort. Die ist sehr bekannt und keine Geringere als sie sollte meine Story einordnen. Auch um meine Rolle ging es in dem Interview. Lydia Benecke erzählte, dass sie mein Handeln insofern sehr wichtig fand, als dass ich die Chats ernst nahm und mit den Beweisen zur Polizei gegangen bin. Daran könne man sich ein Vorbild nehmen!

Ich war unendlich stolz über diese Worte. Ich merkte, dass ich durch meinen Job einen wirklich wichtigen Teil zur Gesellschaft beitragen konnte. Und das, obwohl ich auf dem Weg zur Polizei noch meine Zweifel gehabt hatte, ob ich aufgrund meines Berufes wirklich Gehör finden würde. Und ja: Das tat ich. Meine Mutter sah die Berichte im Fernsehen und das erste Mal spürte ich, dass sie wirklich stolz auf das war, was ich bin – Hanna, eine virtuelle Sexworkerin!

USER JENS: SELBSTMORDANDROHUNG

Vielleicht erinnert ihr euch noch an den User Jens. Ich hatte ganz am Anfang von ihm erzählt. Er bereitete mir schlaflose Nächte, als ich damals noch als Krankenschwester morgens zum Frühdienst musste. Er ließ sich ein Tattoo machen, das mir und unserem Kennenlernen gewidmet war. Und er deutete immer wieder an, dass er drauf und dran sei, sich von seiner Frau scheiden zu lassen. Das tat er schlussendlich zum Glück nicht, aber er versuchte immer wieder, meine volle Aufmerksamkeit zu bekommen. Ich hatte mir seinerzeit immer Notizen zu ihm gemacht. Etwas, das ich heute eigentlich auch noch bei jedem Stamm-User mache, damit ich weiß, worauf er steht oder was ihn gerade beschäftigt. Die für ihn angelegte Notizen-Liste wurde immer länger und meine Sorgen immer größer. Völlig zu Recht. Denn als letztes Druckmittel kündigte Jens mir eines Abends seinen Suizid an.

Er weinte und schrieb mir, dass er sich eine Überdosis Insulin spritzen würde. Jens war Diabetiker, eine Überdosis Insulin wäre für ihn natürlich lebensgefährlich! Er versuchte, mich damit zu erpressen. Wenn ich nicht mehr Zeit mit ihm online verbringen würde. Dann schilderte er mir, dass er im Keller seines Hauses schon alles vorbereitet hätte. Er hatte den Raum mit Katzenstreu ausgelegt und eine Windel für sich selbst bereitgelegt. Wozu? Weil ein Mensch nach dem Ableben trotzdem Kot und Urin ausscheidet und durch die Verwesung natürlich auch beginnt zu stinken. Das Katzenstreu sollte die Feuchtigkeit und den Geruch binden. Dummerweise hatte ich ihm von den Ausscheidungen nach dem Tod in einem unserer zahlreichen Chats mal berichtet. Wir redeten ja auch über Gott und die Welt. In jedem Fall wirkte das Vorhaben auf mich sehr ernstzunehmend. Ich war sauer und traurig zugleich, dass er sich meinetwegen etwas antun wollte. Also chatteten wir die ganze Nacht und ich redete auf ihn ein, nicht als Webcam-Girl, sondern als Mensch, der in Sorge ist.

Glücklicherweise gelang es mir, ihn zu beruhigen. Ich bot ihm an, dass ich ihm gern bei der Suche nach professioneller therapeutischer Hilfe behilflich sein könnte. Denn anders war ihm nicht mehr zu helfen. Ich suchte ihm eine Liste von Psychotherapeuten in seiner Gegend raus und bat ihn, dass wir den Kontakt abbrechen. Er nahm es an und versprach, sich Hilfe zu holen.

USER TOBIAS: DER KASTRATOR

Erinnert ihr euch noch an Tobias, meinen Eiersklaven? Er empfand nur Lust, wenn er seine Eier selbst malträtierte. Und das tat er ziemlich ausgiebig. In jeder Session sahen die geradezu schlimmer aus. Dick und geschwollen, richtig verprügelt halt. Er sagte mir oft, sie seien unbrauchbar, das hätte er testen lassen. Deswegen gehörten sie verprügelt. Mit der Faust, mit einer Socke und einem Baseball darin, oder mit Reißzwecken zerstochen. Tobias erzählte mir, dass er auch zu einer Prostituierten gegangen ist, die er bat, sich mit ihren High Heels auf seine Eier zu stellen. Es war einfach furchtbar, was der Typ sich antat.

Eines Abends kam er in die Cam und hatte eine riesengroße Eisenstange in der Hand. Ich schätzte das Teil auf etwa 60 Zentimeter Länge. Dann erkannte ich, dass es sich um eine Zange handelte. Er sagte, dass sei ein Gerät, mit dem man auch Hengste und Bullen kastrieren würde. Er erklärte mir, sein größter Wunsch sei es, dass ich ihn kastriere. Und da ich ja mal als Krankenschwester gearbeitet hätte, würde er es mir auch zutrauen. Er würde es auch gut bezahlen. Ich lehnte natürlich ab, weil ich das nicht mache und man mich nicht treffen kann.

Tobias wollte sich mit dem Gedanken aber nicht abfinden und legte prompt die Zange an. Dann würde er es eben vor laufender Kamera tun, und ich könnte nichts dagegen tun. Ich fing an, ihn nahezu anzuflehen, das nicht zu tun. Mir schoss das Blut in den Kopf und meine Halsschlagader pumpte vor lauter Fluchtreflex. Mir ging alles Mögliche durch den Kopf: Wie könnte ich den Support des Portals um Mitternacht erreichen? Wie und vor allem wohin kann ich einen Rettungswagen schicken, wenn ich doch gar nicht weiß, wo Tobi wohnt? Es war mal wieder eine Albtraum-Nacht sondergleichen. Also erinnerte ich mich an meine Zeiten auf der geschlossenen psychiatrischen Einrichtung. Wie wir Pflegerinnen und Ärzte in brenzligen Situationen auf Patienten eingeredet haben, die im Begriff waren, sich selbst zu verletzen. Und eine Möglichkeit war es immer, Konsequenzen zu benennen. In diesem Fall schilderte ich Tobias, dass, wenn er sich die Eier jetzt wirklich durch die Kastration abnehmen würde, unsere Cam-Sessions ein für alle Mal vorbei sein würden! Weil ohne Eier gibt es auch keinen Eiersklaven mehr – logisch.

Seine Augen flackerten, er hielt kurz inne und legte die Zange beiseite. Ich atmete durch wie jemand, der gerade einen Entführer zum Aufgeben überredet hatte. Im Nachhinein weiß ich natürlich nicht, ob das wirklich der entscheidende Punkt war, der ihn überzeugt hatte. Aber er sagte, ohne sein Eiersklaven-Spiel hätte er ja gar keine Sexualität mehr.

Er kommt heute tatsächlich immer noch zu mir, wahlweise geht er auch noch zu einer Domina. Einmal kam er ganz zerstört danach zu mir. »War mal wieder richtig doll«, erzählte er glückselig, während er sich einen runterholte und es nur noch aus seinem Penis tröpfelte. Da der Hoden so schlimm aussah und großflächig blau angelaufen war, schickte ich ihn zum Arzt. Bei der darauffolgenden Session erzählte er mir von dem Termin. Dem diensthabenden Arzt in der Notaufnahme erzählte er, ihm sei ein Ball in die Eier geflogen. Der Arzt schüttelte ungläubig den Kopf und erwiderte: »Dann war das aber ein Baseball!«

Wie recht der Doc doch gehabt hatte, ohne es zu wissen.

Me, myself & I

LADYS: LIEBT EUCH!

Natürlich ist die überwiegende Mehrheit meiner Follower männlich. Das liegt einfach daran, dass hauptsächlich Männer Pornos konsumieren. Und ich erzählte ja bereits, dass der Mann und seine Befriedigung im klassischen Pornofilm ganz klar im Vordergrund stehen. Und genau aus diesem Grund möchte ich dieses letzte Kapitel den Frauen widmen ...

Wir haben allen Grund, uns zu lieben, ob wir in ein körperliches Idealbild, wenn es das denn überhaupt gibt, passen oder nicht. Ich verdiene mit meinem Aussehen und mit meinem Körper Geld, demzufolge muss ich natürlich auch sehr viel für mein Äußeres tun. Aber das Wichtigste ist, gerade dann, wenn es um Sexiness geht, eine glückliche Ausstrahlung zu haben. Denn die macht wirklich sexy und umspielt kleine Makel.

Einer meiner Professoren meinte einmal in meiner Ausbildung zu uns Krankenschwesternschülerinnen: »Nur wer gut zu sich selbst ist, kann auch gut zu anderen sein.« Also seid gut zu euch! Nur weil einem Typen eure Figur nicht gefällt, gefällt sie einem anderen umso mehr. Ich habe lange über eine Schönheitsoperation aufgrund meiner Nase nachgedacht, weil der Hate im Internet so massiv war. Dann entschied ich mich aber für Selbstliebe und Selbstakzeptanz. Und genau diese Einstellung macht mutig und macht auch im Bett mutig – das macht Lust auf euch selbst! Und das wiederum strahlt man als Frau dann auch aus. Probiert es doch mal aus, wetten, ihr werdet es merken?

Zur Selbstliebe gehört natürlich auch die Selbstbefriedigung. Das ist ein extrem wichtiges Thema, das zu gern bei Frauen tabuisiert wird. Nur warum eigentlich? Es ist doch auch für uns Frauen lustvoll, uns selbst zum Höhepunkt zu bringen. Ohne Druck und ohne einen Mann, der zuschaut oder eine Erwartungshaltung hat, dass wir doch bitte endlich kommen sollen. Ich empfehle jeder Frau, die Probleme hat, beim Sex zum Orgasmus zu kommen, sich selbst zu berühren. Entdeckt euch, trainiert das! Mögt ihr vaginale oder klitorale Berührungen lieber oder beides in Kombination? Macht mal einen Me-Day und nehmt euch, wenn ihr es noch nie gemacht habt, einen Handspiegel und bewundert euer Schätzchen da unten. Durch meinen Job weiß ich recht gut, wie individuell jede Pussy sein kann. Und ich finde, jede ist schön! Ob kleine oder große Schamlippen, eine große oder eine klitzekleine Klitoris. Nehmt eure Anatomie an, berührt und liebt euch.

Wer sich mit Toys vergnügen möchte, der sollte einen Dildo nehmen, der etwas kleiner ist. Denn erst einmal ist so ein kalter Dildo durch seine Größe und Haptik irgendwie auch bedrohlich. Im Grunde wirken die auf mich auch oft wie ein toter Gegenstand. Startet mit einem kleinen Exemplar, ganz spielerisch. Wer gar nicht auf die vaginale Penetration bei der Do-it-yourself-Nummer steht, dem empfehle ich einen sogenannten Auflegevibrator. Ich selbst schwöre auf den »Womanizer«. Das ist wirklich die mit Abstand beste Erfindung in Sachen Sextoys für sie. Dieses Gerät arbeitet mit Druckwellen, man legt ihn auf die Klitoris auf und bestimmt das Tempo. Im Prinzip ist es wie der perfekte Oralsex. Mit dem Unterschied, dass wir Frauen das ganz allein in entspannter Atmosphäre machen können.

Lasst dabei euren Gedanken freien Lauf. Denn der Clou bei uns Frauen ist, wir brauchen keine visuelle Stimulation, wie Männer sie meistens benötigen! Wir Frauen können das mit der Kraft unserer Gedanken oder besser gesagt mit heißen Erinnerungen. Mich persönlich beeindruckt dieses Toy, weil es starke, multiple und wenn ihr mögt auch mehrere Orgasmen hintereinander hervorruft. Ich wünschte, ich hätte den Auflegevibrator erfunden. Aber auf die Idee kam meines Wissens ein gewiefter Bayer. Der wusste scheinbar, was uns Frauen fehlt.

Viele Frauen haben den Orgasmus durch die Selbstbefriedigung für sich noch nicht als Stressabbau entdeckt, dabei eignet der sich geradezu perfekt dazu. Beim

Höhepunkt werden jede Menge Glückshormone, wie Serotonin und Dopamin, ausgestoßen und die können uns einen richtigen Kick für den Tag geben. Lasst uns mehr über Selbstliebe sprechen, lasst uns dafür sorgen, dass Selbstbefriedigung bei Frauen aus der Tabuthemen-Ecke kommt. Das sind wir unserem Schätzchen da unten schuldig!

Epilog

Ihr Lieben, mir ist ganz wichtig, dass ihr euch einen Satz hinter die Ohren schreibt: »Eine partnerschaftliche Beziehung ist nicht wie ein Pornofilm und umgekehrt.«

Auch wenn ich ein Pornostar bin, weiß ich sehr wohl um die Kritik an unserem Business. Und die lasse ich auch zu. Wir haben natürlich ein Problem mit dem Thema Pornosucht, wir haben ein Problem damit, dass gerade sehr junge Männer, aber auch Frauen vergessen, dass ein Porno niemals die Realität widerspiegeln kann. Mit diesen Themen habe ich mich in den letzten Jahren auch immer wieder auseinandergesetzt und in Interviews und auf Youtube darüber gesprochen.

Ein realistisches Selbstbild und realen Sex zu haben passt in vielen Teilen nicht in die perfekte Pornowelt. Deswegen ist es mir wichtig, dass ihr wisst: Ich liebe, was ich tue, weil ich Sex liebe. Aber das, was ich vor der Kamera tue, ist mein Job, eine Art Schauspielerei. Das perfekte Licht, das perfekte Make-up, teure Wäsche, perfekt inszenierter Sex und natürlich ein Körper, für den ich hart trainiere. Aber das alles ist und bleibt Show. Ich vermarkte mich als Produkt und bin eine Kunstfigur, wie alle anderen Darstellerinnen es auch sind. Mein Weg in dieses Business war ganz allein meine Entscheidung, mit der auch sicherlich nicht immer jeder glücklich war. Ein Weg, der auch Kompromisse und Entbehrungen mit sich bringt. Aber auch ein großes Learning. Für mich und euch da draußen.

In allererster Linie geht es um die Dosis! Findet das richtige Maß, wie ihr Pornos konsumiert. Einen Porno für den schnellen Druck- und Stressabbau zu schauen, das finde ich gut! Aber wenn es ohne nicht mehr geht oder euer realer Partner nicht mehr attraktiv für euch ist, dann zieht die Reißleine. Macht eine Pornopause. Trennt das echte Leben von dem virtuellen Sex. Holt euch gern Inspiration aus Pornofilmen, stillt auch eure geheimen Sehnsüchte, aber lasst es nie über der Anziehung eines echten Sexualpartners stehen. Egal wie groß die Lust oder wie schräg der Fetisch ist, das alles im echten Leben mit einem realen Menschen auszuleben ist immer besser als mit einem Bildschirm. Zelebriert das Pornofilmgucken, belohnt euch damit, aber feiert das eigene Liebes- und Sexleben!

Und für alle, die sich jetzt ein bisschen Pornofeeling ins Schlafzimmer holen konnten, um mehr Spaß im Bett zu haben – für die habe ich dieses Buch geschrieben.

Bleibt unanständig!

Kuss, eure Hanna